今こそ知りたい

学び続ける先生のための

基礎と実践から学べる

小・中学校

プログラミング教育

編著　鳴門教育大学プログラミング教育研究会

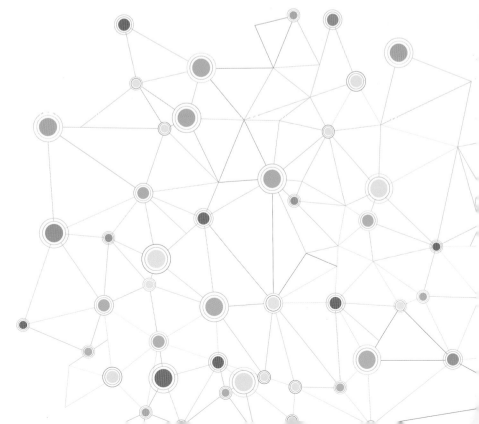

まえがき

　本書は主に小・中学校の現職教員や将来学校教員として活躍したい学生の方々のために、小学校と中学校技術・家庭科（技術分野）を対象とするプログラミング教育に関する理論や考え方についてわかりやすく解説し、プログラミング教育を実践する際に役立つ事例を豊富に掲載しています。

　老若男女を問わず、コンピュータや通信ネットワークを介して提供されたり、さまざまな活動から得たりした情報を、適切に選択・活用し問題解決することが必要な社会が到来しつつあります。コンピュータを主体的に利活用するためには、内部で行われている情報処理の仕組みを知ることが大変重要になっています。情報処理は命令の集合体であるプログラムによって行われ、このプログラムを作成するプログラミングを体験し理解することによって、より創造力を高め知的財産を生み出せるようになると期待されています。このような背景から2017（平成29）年3月に告示された小学校及び中学校学習指導要領ではプログラミング教育の充実化が図られました。学校におけるプログラミング教育を実施するための主な課題として、学年や教科、単元の設定、教育方法、教材などが挙げられ、教育活動に当たる教員の知識や技術・技能などの向上が求められています。そのため鳴門教育大学情報基盤センターでは、2018年度から2020年度にかけて研究プロジェクト「学校におけるプログラミング教育に関する実践的研究」を企画し、多様な視点で研究に取り組みました。本書はこの研究プロジェクトで得られた研究成果の一部をとりまとめたものです。

　第Ⅰ部（第1章から第5章）では、小学校プログラミング教育の理論的な側面から解説し、必要となる情報技術などの知識について述べるとともに、授業設計に関する考え方について説明しています。第Ⅱ部では、小学校における教育活動全体を網羅するように、国語、社会、算数、理科、生活、音楽、図画工作、家庭、体育、道徳（情報モラル教育）、外国語活動、総合的な学習の時間、特別活動における各プログラミング教育の実践例を掲載しています。さらに、中学校技術・家庭科（技術分野）の内容「情報の技術」で学習するネットワークを利用した双方向性のあるコンテンツのプログラミングと計測・制御のプログラミングに関する実践例を掲載しています。

　未来を担う子供たちのために、小・中学校におけるプログラミング教育がより充実していくよう本書をご利用いただけましたら幸いです。

　本書出版の機会を与えてくださいました株式会社ジアース教育新社の加藤勝博氏に感謝いたしますとともに、同社の久保千裕氏には本書の編集等で大変お世話になりました。心より御礼申し上げます。

著者一同

第Ⅱ部 実践編

第 I 部

理論編

小学校プログラミング教育の重要性

キーワード	☑ 情報活用能力	☑ 問題解決能力	☑ 技術リテラシー
	☑ Society5.0	☑ TPACK	

本章では、小学校におけるプログラミング教育（以下、小学校プログラミング教育）が必修化されるようになった背景について説明します。そして、小学校プログラミング教育で育成したい児童の資質・能力、小学校教員に求められる資質・能力について解説します。

1-1 Society5.0 の実現に向けて：小学校プログラミング教育への期待

（1）技術が支える私たちの生活と持続可能な社会の実現

これまで小学校では情報教育に取り組んできましたが、プログラミングに関する教育は行われていませんでした。どうして、小学校プログラミング教育は必修化されるようになったのでしょうか。小学校プログラミング教育が必修化された背景を理解するためには、「技術」と「私たちの生活」との関係を知ることが必要です。私たち人間の生活は技術に支えられているといっても過言ではありません。技術の発展は私たち人間に豊かな生活をもたらしてきました。まずは、人間の歴史と技術の関係を簡単に振り返ってみましょう。

人類最初の技術的発明と考えられているのは石器です。先史時代には、人間は食糧となる動物を狩ったり、植物を採集したりしながら生活していました。人間は石器をうまく活用し、狩猟や採集活動を効率化することで、生活を安定させました。その後、鉄器の発明により、効率的に農耕を行えるようになりました。鉄器を使った農耕は食糧の安定確保につながり、より大規模な集団生活が可能となりました。そして、人力以外の動力源としての蒸気機関が発明されたことによって、生産力の飛躍的な向上、自動車や飛行機等、移動手段の発達につながりました。さらに、コンピュータやインターネット等、情報通信技術（ICT）の発明によって、人間の情報処理能力を超えた多くの情報を一瞬で処理できたり、遠くにいる相手と一瞬でつながったりすることができるようになりました。このように、私たちは技術を発展させ、生活に適用することで、豊かな生活を手に入れました。

しかし、当然のことながら、技術によって全ての問題が解決されたわけではありません。現在の日本が抱える少子高齢化・人口減少問題は、残念なことにとても深刻です。また、日本だけではなく世界各国が、経済・社会・環境に関する解決困難

表 1　SDGs 17 の目標 [1-1]

1	貧困をなくそう	10	人や国の不平等をなくそう
2	飢餓をゼロに	11	住み続けられるまちづくりを
3	すべての人に健康と福祉を	12	つくる責任 つかう責任
4	質の高い教育をみんなに	13	気候変動に具体的な対策を
5	ジェンダー平等を実現しよう	14	海の豊かさを守ろう
6	安全な水とトイレを世界中に	15	陸の豊かさも守ろう
7	エネルギーをみんなに そしてクリーンに	16	平和と公正をすべての人に
8	働きがいも経済成長も	17	パートナーシップで目標を達成しよう
9	産業と技術革新の基盤をつくろう		

な問題を抱えています。未来のために、私たちには持続可能な社会を創ることが求められています。このような状況下で、国境を越えた取り組みとして、より平和で繁栄した公正な世界の実現に向け、開発分野における国際社会共通のミレニアム開発目標（MDGs：Millennium Development Goals）がまとめられました。MDGs は 2015 年までの期限が設定されており、一定の成果を得られたことが報告されています。そして、2015 年 9 月国連サミットでは、「誰一人取り残さない」社会の実現に向け、持続可能な開発目標（SDGs：Sustainable Development Goals）の達成に取り組むことが全会一致で採択されました。SDGs には MDGs を踏まえ、発展途上国・先進国の目標が加えられています（**表 1**）。SDGs には、例えば、1：貧困をなくそう、4：質の高い教育をみんなに、7：エネルギーをみんなにそしてクリーンに、9：産業と技術革新の基盤をつくろう、16：平和と公正をすべての人に、等の 17 の目標が設定されています [1-1]。SDGs に取り組む主体は国や企業だけではありません。これからを生きる私たち一人一人が SDGs の達成に向けて真摯に取り組むことが求められています。SDGs 達成のために、科学技術イノベーション（STI：Science and Technology Innovation）の活用に大きな期待が寄せられています。

（2）システム・情報科学技術分野の中心となる技術：IoT センシング、AI によるビッグデータ解析

　現在、高い注目を集めている STI の分野は、システム・情報科学技術分野、ナノテクノロジー・材料分野、ライフサイエンス・臨床医学分野です [1-2]。特に、システム・情報科学技術分野は他領域の発展にも大きな影響を与えるとともに、これからの社会の中核インフラとして重要な位置を占めるものと考えられています。この

システム・情報科学技術分野の中心となる技術には、IoT（Internet of Things：モノのインターネット）、ビッグデータ、AI（Artificial Intelligence：人工知能）があります。これらの技術に関する基本的な理解は学問領域の専門性を超え、一般教養と考えられるようになってきています。それぞれの技術について、簡単に紹介します。

　まず、IoT とはモノがインターネットにつながることです。インターネットにつながることで、時間や距離を越えたやりとりが可能になります。特に、センサによって温度、画像、音量、明るさ等を計測して数値化する「センシング技術」と IoT を組み合わせることで、時間や距離を越えてさまざまなデータを一定の間隔で取得し、蓄積できます。例えば、冷蔵倉庫を IoT 化し、倉庫内の状況をセンシングすることで、倉庫内で人が待機しなくても、大量の食料品の温度・湿度等を常に把握することができます。倉庫内で何かトラブルが発生しても、迅速に対応できます。また、私たちの身近な生活では、電球、エアコン等の生活家電を IoT 化することで、一つのデバイスで全ての生活家電を操作したり、自動的にオン／オフを切り替えたりできるようになります。電気ポットや冷蔵庫のような毎日使う生活家電を IoT 化し、利用状況をセンシングすることで、遠方で暮らしている方の見守りにも利用できます。電気ポットや冷蔵庫は毎日利用します。長期不在の連絡がなく、これらの生活家電を利用した情報がない場合には、すぐに安否を確認しなければならないことがわかります。さらに、交通機関にも IoT 技術は活用できます。公共交通機関である路線バスの IoT 化によって、走行状況をリアルタイムに把握できるようになります。路線バスは電車と違い、交通渋滞の影響を受けるため、時刻表通りに運行することが困難です。IoT 化により、路線バス利用者が路線バスの運行状況をリアルタイムで把握できることは、路線バスの利用満足度の向上に役立ち、利用者を増やすことにつながると考えられます。ここで紹介した IoT 化の事例はすでに実用化されています。

　IoT センシング技術を利用することで、必要に応じて、大量のデータを取得・蓄積できます。取得した大量のデータの全体像を一度に把握することは、人間の能

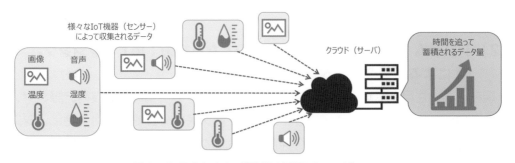

図1　IoT センシング技術の活用イメージ [1-3]

力では困難です。このような、人間の能力では全体像を把握することが難しい巨大で複雑なデータのことを、ビッグデータといいます。ビッグデータには明確な定義はありませんが、総務省では、「デジタル化の更なる進展やネットワークの高度化、またスマートフォンやセンサー等 IoT 関連機器の小型化・低コスト化による IoT の進展により、スマートフォン等を通じた位置情報や行動履歴、インターネットやテレビでの視聴・消費行動等に関する情報、また小型化したセンサー等から得られる膨大なデータ」としています [1-4]。さらに、総務省では、個人・企業・政府が生成するデータに着目して、ビッグデータを4つに分類しています。個人が生成するデータは「パーソナルデータ」と呼ばれており、個人情報、移動・行動・購買履歴等が含まれています。パーソナルデータの例としては、先に述べたような生活家電の IoT 化によって生成されたデータが挙げられます。次に、企業が生成するデータは「産業データ」と呼ばれています。産業データには、企業のノウハウをデジタル化・構造化したデータ「知のデジタル化」と、工場などの生産現場等で IoT 機器から収集されるデータ「M2M（Machine to Machine）データ」の2つがあるとされています。先述した冷蔵倉庫の IoT 化によって生成されたデータは、産業データのうち、M2M データに対応します。最後に、政府（国や地方公共団体）が生成するデータは「オープンデータ」と呼ばれています。オープンデータの例として、公共交通機関の IoT 化によって生成されたデータが挙げられます。また、オープンデータは学術・研究利用だけではなく、図書館システム「カーリル」や、災害情報をまとめたハザードマップ等にも利用されています。

　IoT センシング技術によって得られたビッグデータを分析することで、これまで解決できていなかった問題を解決するための手がかりが得られるだけでなく、新たな価値の創造につなげることができるかもしれません。AI はビッグデータを解析し、瞬時に判断できる大変強力な技術です。近年、AI 分野の研究は飛躍的な発展を遂げています。AI には、将棋や碁といった人間の知的領域と考えられる分野においても、人間の能力を凌駕する性能を発揮しているものもあります。しかし、AI だけでは問題の設定、データ収集と蓄積、分析といった問題解決に至る一連の流れを実現できません。AI はあくまで一定のルール（アルゴリズム）に従って、データを解析しているのに過ぎないからです。例えば、自動車の自動運転を想像してください。安全な自動運転のためには、道路の状況、運行速度、信号機、歩行者、周囲の自動車等、刻々と変化する走行に関するさまざまな交通情報を判断しなければなりません。AI は与えられた情報の全てを解析します。AI が解析できるように、人間はどのような交通情報を取得するか、どのように運行させれば安全かについて考え、プログラミングします。今では IoT センシング技術により取得した交通情報に関するビッグデータを AI が分析することで、自動運転が実現されつつあります。

このように、問題解決プロセスの全てを AI が行うのではなく、人間が「AI が分析したデータを判断し、価値づけること」に介入することで、複雑で困難な問題の解決や新たな価値の創出につなげられる可能性があると考えられます。IoT センシング技術、AI によるビッグデータ解析技術の進展と浸透は、今まで活用してきた技術以上に私たちのライフスタイルや働き方等に大きな影響を与える技術と考えられています。

（3）Society5.0 時代をリードできる人材育成

　私たち人間は、発明した技術を活用しながら、自分たちの生活を、そして社会を豊かにしてきました。同時に、技術を活用して生活を豊かにすることは社会の在り方を変化させることにつながっています。この技術の進展と社会の変化の関係性について、石器による狩猟採集社会を最初の社会（Society1.0）と捉えると、技術の進展とともに、農耕社会（Society2.0）、工業社会（Society3.0）、情報社会（Society4.0）とアップデートされてきました。そして今では、情報社会（Society4.0）に続く新たな社会として Society5.0（ソサエティ 5.0）が提案されています（**図2**）。Society5.0 とは「サイバー空間（仮想空間）とフィジカル空間（現実空間）を高度に融合させたシステムにより、経済発展と社会的課題の解決を両立する、人間中心の社会（Society）」と定義されています [1-5]。Society5.0 では IoT、ビッグデータや AI といった新しい技術を適切に活用することで、老若男女、障がいの有無等を問わず、全ての人が便利で安全・安心な暮らしを送れるようになることが目指されています。

　このような Society5.0 時代には、ICT を活用しながら、問題発見・解決できる資質・能力が求められています。文部科学省は「数理・データサイエンス・AI」を

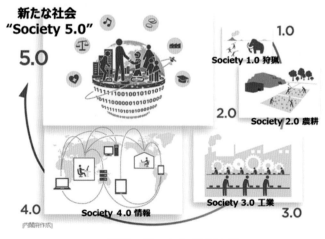

図2　Society5.0[1-5]

重要視し、全ての国民が「数理・データサイエンス・AI」に関する知識・技能を育み、社会のあらゆる分野で活躍することを目標としています。現在、初等中等教育・大学・社会人の段階別に、「数理・データサイエンス・AI」の基礎等を習得した人材育成に関わる教育改革に取り組んでいるところです。特に、初等中等教育段階の人材育成に関しては「数理・データサイエンス・AI」の基礎的リテラシーの習得と、問題発見・解決学習の体験等を通じた創造性の涵養が示されています [1-6]。

　これからの社会で求められる問題発見・解決能力に関して、例えば、次の4つが考えられます。①取り組む問題を具体的に設定できること、②適切な方法を用いてデータを収集できること、③適切な方法を用いて蓄積したデータを分析できること、④分析したデータに基づき、設定した問題を解決できること（設定した課題の条件を満たす最適な解が求められること）等です。簡潔にいえば、ICTを活用しながら問題の発見・解決に必要なデータを収集・分析し、自分が設定した問題を解決できるようになることが求められていると考えられます。

（4）日本の初等中等教育におけるプログラミング教育必修化の変遷

　ICTを活用しながら問題を発見・解決できる人材育成は、日本だけで進められているのではありません。システム・情報科学技術分野に関する領域であるコンピュータサイエンス（CS）の重要性は世界中で認識されています。CSの重要性が増していることは、CSを扱う学校種が高等教育から中等教育へ、そして、初等教育へと徐々に拡大されていることからもわかります。特に、CSの目標であるコンピュテーショナル・シンキングは21世紀型スキルとして位置付けられており、コンピュテーショナル・シンキングの育成には国際的に非常に関心が高まっています。コンピュテーショナル・シンキングへの関心の高さは、OECDが実施しているPISA（Programme for International Student Assessment：生徒の学習到達度調査）における数学的リテラシーの内容に、2021年からコンピュテーショナル・シンキングが扱われるようになったことからも明らかです [1-7]。このように、CSに関する教育を拡充する流れは日本における小学校プログラミング教育必修化に少なからず影響を与えているものと考えられます。

　ここで、日本における初等中等教育でのプログラミング教育の歴史を簡単に整理します。小学校プログラミング教育は2020年度から本格的にスタートしています。ところで、日本の初等中等教育、つまり小学校、中学校、高等学校におけるプログラミング教育の必修化の始まりは、2017（平成29）年・2018（平成30）年告示の学習指導要領改訂からではありません。日本における初等中等教育でのプログラミング教育は、1973年から、高等学校工業科の「情報技術科」、高等学校商業科の「情報処理科」で実施されていました。1970（昭和45）年告示

の高等学校学習指導要領には下記のようにプログラミングに関する目標が示されています [1-8]。

【工業科におけるプログラミングに関する目標】

①プログラミング
　電子計算機のプログラミングについて、基礎的な知識と技術を習得させ、情報を合理的に処理する能力を高めるとともに、プログラミングの実習を通して、電子計算機各部の構成および機構の概要について理解させる。
②電子計算機
　「プログラミング」の学習の基礎の上に、電子計算機の各部の構成、機能、特性などについて理解を深めさせ、電子計算機の改良、保守および管理に必要な能力を養う。
③プログラム理論
　「プログラミング」の学習の基礎の上に、ソフトウェアの開発に役だつ基本的な資質を高め、プログラム設計上の基礎的な知識と技術を習得させる。

【商業科におけるプログラミングに関する目標】

①プログラミングⅠ
　（１）電子計算機のプログラミングについての基礎的な技術を習得させる。
　（２）プログラミングを通して、情報を合理的に処理する能力と態度を養う。
②プログラミングⅡ
　（１）経営管理に必要な情報を電子計算機によって処理するプログラミングの技術を習得させる。
　（２）プログラミングを通して、情報を合理的に処理する能力と態度を養う。

　高等学校の工業科や商業科は高等学校設置基準により「専門教育を主とする学科」に位置付けられていることを考慮すれば、日本のプログラミング教育の萌芽期ではプログラミングに関する学習は専門的な教育とみなされていたと考えられます。その後、高等学校で実践されていたプログラミング教育は中学校の技術・家庭科（技術分野）に導入されるようになります。1989 年には技術・家庭科（技術分野）の「F 情報基礎」にプログラミングに関する学習内容が示されました [1-9]。

【「F 情報基礎」におけるプログラミングに関する目標と内容】

目標
　コンピュータの操作等を通して、その役割と機能について理解させ、情報を適切に活用する基礎的な能力を養う。
内容
　（2）コンピュータの基本操作と簡単なプログラムの作成について、次の事項を指導する。
　　ア　コンピュータの基本操作ができること。
　　イ　プログラムの機能を知り、簡単なプログラムの作成ができること。

　日本の中学校は教育基本法の定めるところにより、いわゆる一般教養を形成する普通教育を担っています。高等学校ではプログラミングに関する教育は専門教育として実施されていましたが、中学校では普通教育として実施されてきたといえます。なお、「F　情報基礎」は必修の学習内容ではなく、選択領域として扱われていました。

　日本における普通教育としてのプログラミング教育が必修化されたのは1998年です。1998（平成10）年の中学校学習指導要領改訂により、「F　情報基礎」から「B　情報とコンピュータ」に名称が変更され、さらに「計測・制御」の内容が加えられました [1-10]。

【「B　情報とコンピュータ」におけるプログラミングに関する目標と内容】

> **目標**
> 　実践的・体験的な学習活動を通して、ものづくりやエネルギー利用及びコンピュータ活用等に関する基礎的な知識と技術を習得するとともに、技術が果たす役割について理解を深め、それらを適切に活用する能力と態度を育てる。
> **内容**
> 　(6)　プログラムと計測・制御について、次の事項を指導する。
> 　　ア　プログラムの機能を知り、簡単なプログラムの作成ができること。
> 　　イ　コンピュータを用いて、簡単な計測・制御ができること。

　では、2020年からスタートしている小学校プログラミング教育はどのように位置付けられているのでしょうか。小学校プログラミング教育を通して育成したい資質・能力は、2017（平成29）年告示の小学校学習指導要領 [1-12] で示された育成したい資質・能力の3つの柱ごとに設定されています。

> **知識・技能**
> 　身近な生活でコンピュータが活用されていることや、問題の解決には必要な手順があることに気付くこと
> **思考力・判断力・表現力等**
> 　発達の段階に即して、「プログラミング的思考」を育成すること
> **学びに向かう力、人間性等**
> 　発達の段階に即して、コンピュータの働きを、よりよい人生や社会づくりに生かそうとする態度を涵養すること

　小学校は教育基本法に定めるところにより、中学校同様、普通教育を担っています。小学校学習指導要領にはプログラミングのスキル習得に関する記述はありません。具体的にコンピュータが活用されていること、問題解決に必要な手順があることへの気付き、プログラミング的思考、コンピュータの働きを人生や社会づくりに生かそうとする態度等と記載されていることから、小学校プログラミング教育は汎

用的な資質・能力の育成に資する教育と位置付けられたことがわかります。

　日本の初等中等教育での「普通教育」としてのプログラミング教育は今から20年以上前から必修の内容として展開されてきたことがわかります。さらに、2022年から本格実施される高等学校の教科「情報Ⅰ」でプログラミングに関する内容は必修事項となり、日本の初等中等教育全体で普通教育としてのプログラミング教育が必修化されることになります。なお、2020年現在では、2025年以降に実施される大学入学共通テストにプログラミングの内容を含めた「情報」を加えることが検討されています。そのため、普通教育としてのプログラミング教育の充実を図ることは喫緊の課題です。

（5）日本の初等中等教育におけるプログラミング教育必修化の経緯

　中学校で必修化されていた普通教育としてのプログラミング教育が小学校、高等学校にまで導入されるようになった背景として、産業界・経済界からの要請の影響も小さくありません [1-13]。

　プログラミング教育を拡充する議論は、イノベーション創出のためにエンジニアのレベルアップが必要であると提案されたことから始まります。2013年4月に開催された第6回産業競争力会議では、義務教育課程等におけるIT教育を推進することの重要性が提言されました。この提言を受け、2013年6月に閣議決定された「日本再興戦略 -Japan is BACK-」の中では、「世界最高水準のIT社会の実現」で、産業競争力の源泉となるハイレベルなIT人材の育成・確保のために、ITを活用した21世紀型スキルの習得が提言されました。これらの提言を受けて、文部科学省はプログラミング教育の必修化及び実施内容を検討してきました。2016年4月に開催された第26回産業競争力会議では情報活用能力育成の重要性と、プログラミング教育について発達段階に即した必修化の方向性が示されました。

　プログラミング教育の必修化の流れを受けて、2017年4月には「小学校段階における論理的思考力や創造性、問題解決能力等の育成とプログラミング教育に関する有識者会議」が設置されました。有識者会議を経て、2017年6月に提出された議論の取りまとめには、プログラミング教育の基本的な方向性として、「変化が激しく将来の予測が困難な時代にあっても、子供たちが自信を持って自分の人生を切り拓き、よりよい社会を創り出していくことができるよう、必要な資質・能力をしっかりと育んでいくこと」と示されました [1-12]。有識者会議による議論の取りまとめを受け、2017年12月の中央教育審議会答申では、小学校、中学校、高等学校におけるプログラミング教育の具体的な目標や内容等が明示されました。そして、2018年2月に、小学校学習指導要領にプログラミング教育に関する内容が明記されました。

　以上のことから、小学校プログラミング教育導入に、産業・経済界からのIT人材確保・育成の要請と我が国の経済的発展に関する成長戦略の方向性が合致したことが影響していると考えられます。しかし、有識者会議による議論の取りまとめや小学校プログラミング教育の目標を踏まえると、小学校プログラミング教育はIT人材をいかに育成するかといった職業教育の観点ではなく、初等義務教育の観点から、「未来の創り手になるために必要な資質・能力」を育成するための教育として位置付けられるものと考えられます。

1-2 小学校プログラミング教育を通して育成したい児童の資質・能力

（1）「学習の基盤となる資質・能力」としての情報活用能力

　子供たちが小学校を卒業してから社会に出てリーダーとして活躍するまでには長い年月がかかります。学校教育を通して身に付けた資質・能力を発揮するためには今すぐに使える資質・能力だけではなく、少し先の未来、将来の社会での活躍につながる資質・能力を育成するという視点が大切です。

　社会に出てからも、学校で学んだことを「生きる力」として活用できるようにするために、必要な力が整理されています。その中でも、学習の基盤となる資質・能力として、2017（平成29）年告示の小学校学習指導要領では言語能力、問題発見・解決能力等に並んで、情報活用能力（情報モラルを含む）と明記されています。情報活用能力の育成は日本の初等中等教育における情報教育の目標とされています。情報活用能力は「情報及び情報手段を主体的に選択し活用していくための個人の基礎的資質」と定義されており、「情報活用の実践力」、「情報の科学的な理解」、「情報社会に参画する態度」の3要素が含まれています [1-14]。

> **1）情報活用の実践力**
> 　課題や目的に応じて情報手段を適切に活用することを含めて、必要な情報を主体的に収集・判断・表現・処理・創造し、受け手の状況などを踏まえて発信・伝達できる能力
> **2）情報の科学的な理解**
> 　情報活用の基礎となる情報手段の特性の理解と、情報を適切に扱ったり、自らの情報活用を評価・改善するための基礎的な理論や方法の理解
> **3）情報社会に参画する態度**
> 　社会生活の中で情報や情報技術が果たしている役割や及ぼしている影響を理解し、情報モラルの必要性や情報に対する責任について考え、望ましい情報社会の創造に参画しようとする態度

　ところで、「情報活用能力」は今回の学習指導要領で初めて使われた言葉ではあ

りません。この言葉が初めて使われたのは、1986 年 4 月の臨時教育審議会第二次答申です。30 年以上前に情報活用能力が注目されたのは、「インターネット」の登場によるものです。インターネットの登場は社会に大きな影響を与えることが予見されたため、学校教育で学ぶ必要性が高いと考えられていたからです。情報活用能力は、「読み、書き、算盤」に並ぶ「基礎・基本」として位置付けられました [1-15]。今回の学習指導要領の改訂でも、情報活用能力は「基礎・基本」のうち「学習の基盤となる資質・能力」に位置付けられたことからわかるように、これからの社会で求められる重要な資質・能力の一つと考えられます。

　最近では、一般家庭においても、スマートフォンやタブレット端末のようなモバイル情報端末や、スマートスピーカ、スマート LED のようなスマート家電の普及が飛躍的に進んでいます。ICT に関する技術革新は目覚ましく、情報端末は小型化、高度化されています。技術が小型化、高度化されることによって、生活の利便性は増します。その一方で、技術そのものがブラックボックス化されてしまい、技術をどのように活用しているのかをユーザである私たちが意識できなくなってしまうことが危惧されます。このような状況下で、私たちが ICT を活用したり、判断したりするためにも、身の回りにある技術への理解、つまり「情報の科学的な理解」を育成することが大切だといえます。

（2）普通教育における技術教育の観点を踏まえた小学校プログラミング教育の捉え方

　日本の初等中等教育の情報教育の目標は情報活用能力を育成することです。プログラミングを取り入れた学習活動を通して、ICT の仕組みの理解、つまり「情報の科学的な理解」育成への効果が期待できます。この観点から捉えれば、小学校プログラミング教育は情報活用能力の育成に関する教育といえます。また、小学校プログラミング教育を通して、将来の予測が困難な状況で、自分の人生を切り拓き、よりよい社会を創り出していくことができる資質・能力の育成が目指されています [1-12]。この視点に立てば、小学校プログラミング教育は問題発見・解決能力を育成する教育と捉えられます。さらに、中学校技術・家庭科（技術分野）において、「D 情報の技術」が配置されていることからわかるように、プログラミングに関する学習内容は技術教育の領域と考えられます。プログラミングが導入されるようになった背景を踏まえれば、技術教育の側面を含めて小学校プログラミング教育を捉える必要性が指摘できます。

　技術教育には一般教養として必要なことを身に付ける普通教育と専門的な資質・能力育成を目指す専門教育があります。日本の初等教育は普通教育を担っているので、小学校プログラミング教育は普通教育における技術教育の枠組みが適用される

と考えられます。普通教育における技術教育について、日本の技術教育を牽引している日本産業技術教育学会は技術に関する素養「技術リテラシー」の形成に意義があるとしています [1-16]。技術リテラシーとは、「技術と社会との関わりについて理解し、ものづくりを通して、技術に関する知識や技能を活用し、技術的課題を適切に解決する能力、および技術を公正に評価・活用する能力」と定義されています。さらに、技術リテラシーには、技術イノベーション力と技術ガバナンス力の2つの側面があります。小学校には中学校技術・家庭科（技術分野）のように技術に関する内容を中心に扱う教科はありません。そこで、中学校技術・家庭科（技術分野）を参考にし、初等中等教育における技術イノベーション力と技術ガバナンス力の具体を整理します。

　まず、技術イノベーションの「イノベーション」とは、「科学の発見や技術の発明による新たな知的・文化的価値を創造すること、それらの知識を発展させて、経済的・社会的・公共的価値の創造に結びつける革新」と説明されています [1-17]。技術イノベーションの定義を踏まえると、2017（平成29）年告示の中学校学習指導要領 技術・家庭科（技術分野）に記載されている、「新たな発想に基づく（筆者注：技術の）改良と（筆者注：技術を）応用」する力が技術イノベーション力に相当すると考えられます [1-18]。次に、技術ガバナンスの「ガバナンス」とは、「立場の違いや利害関係を有する人たちがお互いに協働し、問題解決のための討議に主体的に参画し、意思決定に関与するシステム」と説明されています。2017（平成29）年告示中学校学習指導要領 技術・家庭科（技術分野）に記載されている「技術を評価し、適切な選択と管理・運用」する力が技術ガバナンス力に相当すると考えられます。簡単にまとめると、普通教育における技術教育では、①技術に関する知識や技能を習得し応用することと、②技術によって問題解決できるようになることが求められているといえます。

　以上のことを、小学校プログラミング教育の文脈に当てはめると、小学校プログラミング教育では技術リテラシーの育成に向けて、プログラミングを通して、身近な技術について気付きを得ることや、技術を適用した簡単な問題を解決できるようになることが求められていると考えられます。図3に、普通教育における技術教育の観点を踏まえた小学校プログラミング教育を通して育成したい児童の資質・能力の関係性を示します。例えば、身の回りの生活から問題を発見し、プログラミングを活用して、必要な情報を収集・分析したり、簡単なシミュレーションをしたりしながら解決すること、プログラミング等を活用したシミュレーションに基づき、技術の在り方を考えること等、小学校プログラミング教育は児童の問題発見・解決能力、情報活用能力、技術リテラシーに関するそれぞれの資質・能力の育成に加えて、複数の領域が関係している資質・能力の橋渡しをする資質・能力形成を図ることが求められていると考えられます。

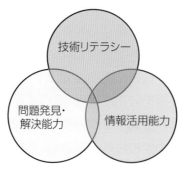

**図3　普通教育における技術教育の観点を踏まえた小学校プログラミング教育を通して育成した
い児童の資質・能力の関係性**

（3）小学校プログラミング教育における目標の具体像：「知識・技能」の柱

> 　身近な生活でコンピュータが活用されていることや、問題の解決には必要な
> 手順があることに気付くこと。

　これまでに小学校プログラミング教育は、問題発見・解決能力、情報活用能力、
技術リテラシーの育成に関係していることを示しました。これらの点を踏まえて、
小学校プログラミング教育における目標の具体像を説明します。

　まず、知識・技能の柱に関しては、プログラミング教育の目標「問題の解決には
必要な手順があることに気付く」の記述と、情報活用能力の「情報と情報技術を活
用した問題の発見・解決の方法」の記述は対応していると考えられます。また、身
近な生活でコンピュータが活用されていることに気付くためにはコンピュータの
働きやコンピュータの仕組みの理解を扱うことが求められていると考えられます。
簡潔にいえば、問題発見・解決のための手順に関する事項と情報の科学的な理解に
関する事項を取り上げる必要があるといえます。

　問題発見・解決のための手順に関する内容として、プログラミング教育における
知識・スキルの一つである「アルゴリズムの理解・表現」が設定できます。アルゴ
リズムとは問題を解決するための手順や計算方法のことです。プログラムの構造は、
前から順番に処理をする「順次処理」、同じ処理を繰り返す「反復処理」、条件によっ
て異なる処理を行う「分岐処理」の3つのアルゴリズムで表現できます。アルゴリ
ズムの考え方に関する知識・技能に関しては、中学校の技術・家庭科（技術分野）
で学習するため、小学校段階ではプログラムがアルゴリズムの基本である順次処理、
分岐処理、反復処理で構成されることに気付くことが求められます。

　情報の科学的な理解に関する事項として、コンピュータの活用、プログラムとの
関係性に着目し、「コンピュータに関する理解」を設定できます。「コンピュータ
に関する理解」の具体的な学習内容として、①入力装置─演算装置─出力装置の関

係性、②コンピュータはプログラムで動いていること、という2点への気付きが大切です。コンピュータが日常生活の様々な場面で使われていることに気付くためには、コンピュータとは何かということを理解する必要があります。コンピュータは「入力、記憶、演算、制御、出力」の5種類に分類される機能をもつ機械です。簡単に言えば、これらの機能をどのように組み合わせるか、どのように情報を処理するかを決めたものがプログラムです。コンピュータと他の機械が異なる点は、コンピュータはプログラムに従って、（複雑な）計算を行い、動作を制御することです。例えば、コンピュータを搭載している機械として、自動炊飯器があります。炊飯器にコンピュータが搭載されていることにより、お米の種類や量、炊き上がりの状態をプログラムでき、設定したように炊飯できます。また、コンピュータが炊飯釜内とヒーターの温度をチェックしており、美味しく炊けるように火加減（温度）を自動で調整してくれます。一方、コンピュータを搭載していない機械の例として、メカ式の扇風機があります。メカ式の扇風機の多くはボタン状のスイッチを押すと、印字された速度になるように、電圧等が調整された回路が選択されます。私たちの身の回りにある生活を便利にしている機械は、電気で動く製品が多いものの、全ての機械がコンピュータで制御されているわけではありませんので、「コンピュータの働き」と「機械そのものの働き」を明確に区別できるような視点を身に付けさせる必要があると考えられます。しかし、このような情報の科学的な理解に関する内容は情報教育の領域であり、小学校で設置されている既存教科の領域として考えることは困難です。そのため、各教科で扱われる学習内容の中から、無理なく取り入れられるよう、カリキュラム・マネジメントを行うことがとても重要です。

（4）小学校プログラミング教育における目標の具体像：「思考力・判断力・表現力等」の柱

> 発達の段階に即して、「プログラミング的思考」を育成すること。

　プログラミング的思考という言葉はいわゆるコンピュテーショナル・シンキングと論理的思考をもとにして作られた日本独自の用語です。プログラミング的思考の定義は「自分が意図する一連の活動を実現するために、どのような動きの組合せが必要であり、一つ一つの動きに対応した記号を、どのように組み合わせたらいいのか、記号の組合せをどのように改善していけば、より意図した活動に近づくのか、といったことを論理的に考えていく力」とされています。プログラミング的思考は小学校プログラミング教育の中核であると考えられます。プログラミング的思考の具体像をつかむためには、プログラミング的思考のもととなる「コンピュテーショナル・シンキング」が大変参考になります。

コンピュテーショナル・シンキング（Computational thinking）の語を初めて用いたのはシーモア・パパートと考えられています [1-19]。その後、ジャネット・ウィングが今日のコンピュテーショナル・シンキングの枠組みを提唱しています [1-20]。ウィングはコンピュテーショナル・シンキングをコンピュータの利用に限定された思考方法ではなく、コンピュータサイエンスの研究者の思考方法であるとし、汎用的な資質・能力と主張しています。学校教育におけるコンピュテーショナル・シンキングの捉え方については、すでにプログラミングを含む、CS を実施している英国の必修科目「Computing」を参考にできます。

　「Computing」の小学校・中学校教員向けガイドを作成している民間団体 Computing At School はコンピュテーショナル・シンキングを「問題を解決したり、作品・製品、手順、システムをよく理解したりするための論理的推論を含む、認知、思考プロセス」としています [1-21]。この「論理的推論」とは、事実を分析したり、確認したりして、物事の意味を理解することとされており、学習者が自分の知識やモデルに基づいて予測を立て、立てた予測を検証し、結論を導き出すことができるとされています。論理的推論は問題を解決するために必要なコンピュテーショナル・シンキングの応用部分に相当すると考えられています。コンピュテーショナル・シンキングは、以下の 5 つの要素で整理されています。

①アルゴリズム的思考：Algorithmics thinking

　アルゴリズム的思考とは、目的を達成するために適切な順番を考えることです。例えば、掃除するときの順番を考えてみましょう。床、机、天井の順番に掃除を行うと、天井を掃除しているときに床を汚してしまうかもしれません。もし、床を汚してしまったら、同じところをもう一度掃除しなければなりません。そこで、天井、机、床の順に、つまり、高いところから順番に掃除を行え

[1-22] を参考に著者改変

ば、もう一度掃除をする必要はなくなり、より効率的に掃除することができます。掃除の効率以外の観点からも考えてみましょう。もし、掃除に使える時間が短ければ、全ての場所をきれいにできないかもしれません。その場合は、一番汚れているところから、これから使うところから、といったように目的に応じて掃除する順番を考えることになります。例として取り上げた掃除の順番は、前から順番に処理をする「順次処理」に相当します。

②分解（構造化）：Decomposition

　分解（構造化）とは大きい動きを小さい動きに分けて考えることです。例えば、

カレーを作りたいとします。大きい動き
を「カレーを作ること」とすれば、小さ
い動きには必要な材料を集めること、材
料を切ること、炒めること、鍋に入れて
煮ること等が相当します。これらの小さ
い動きをさらに小さい動きに分けて考え
ることもできます。一般的に、大きい動

[1-22] を参考に著者改変

きをそのままプログラミングで実現することは困難です。大きい動きを実現するた
めには、プログラミングで実現可能な小さい動きに分けられることがとても重要で
す。なお、Decomposition は「分解」、「分ける」と訳出されます。しかし、問題
発見・解決の文脈を考慮すれば、要素を分解するだけでなく、それぞれの要素を位
置付ける必要があるため、単に「分解」ではなく、「構造化」の語を用いることも
あります。

③一般化：Generalisation（Patterns）

一般化とはパターンや類似性、関連性を
見いだしたり、見いだした特徴を問題解決
に利用したりすることです。例えば、複雑
な模様の中から、元になっている模様を探
し出したり、タヌキの絵が描かれている暗
号文があれば、「た」を抜いて読むといった
規則を見つけたりすることです。問題解決
時における「類推」に相当する語であり、
過去の自分の経験、解決方法を適用するこ

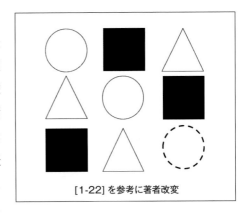

[1-22] を参考に著者改変

とも含まれます。一定の規則を理解し、それを問題解決に利用するという点を考慮
すれば、サンプルプログラムを実行した後、必要に応じてプログラムを編集する学
習活動に取り組むことは、一般化の育成につながると考えられます。

④抽象化：Abstraction

抽象化とは問題やシステムをよりシン
プルな構造として捉えることです。不要
な情報は解釈せずに、対象の構造を簡単
に把握できるようにする側面と、より高
次のカテゴリで互いの関係性を把握でき
るようにする側面があります。前者は、
ピクトグラムのように、必要な要素を抽
出し、その他の要素を単純化して捉える

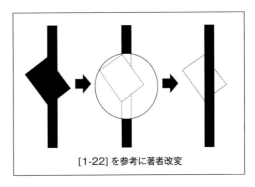

[1-22] を参考に著者改変

ことが考えられます。後者は、「さつま芋」、「れんこん」、「梨」、「みかん」を、さつま芋とれんこんは「野菜」、梨とみかんは「果物」といったより高次なカテゴリとして捉え、お互いの関係を明確にすることと考えられています。この抽象化の概念はコンピューテーショナル・シンキングの重要な概念の一つと考えられています。

⑤評価：Evaluation

　評価とは編み出した解決方法が適切であったかを確認することです。問題解決前に検討した解決方法が適切に機能するかを評価するという「事前評価」の側面と、問題解決後によい問題解決ができたかという「振り返り」の側面をもつとされています。「事前評価」を行うためには、自分が制作したいものの意図を明確にしておく必要があります。そのため、

[1-22] を参考に著者改変

プログラミングの活動に取り組む前に、プログラミングに関する設計図を作成する活動を取り入れることが大切です。設計図に自分が設定した課題、プログラムを実行する前に考えた解決方法を書き込んでおくことで、思った通りにいかなかった場合に、どのように試行錯誤すればいいか、自己解決の手がかりにできます。試行錯誤する中で、たまたま解決できてしまうこともあります。設計図を確認することによって、児童が意図をもって工夫したポイントが明確になるため、指導者が児童の学習活動を評価しやすくなるという利点もあります。

　以上、コンピューテーショナル・シンキングの内容を踏まえると、プログラミング的思考を構成する要素としては、「アルゴリズム的思考」、「分解（構造化）」、「一般化」、「抽象化」、「評価」の5つが含まれていると考えられます。

　次に、プログラミング的思考と情報活用能力に注目すると、情報活用能力の「思考力・判断力・表現力等」の柱は「様々な事象を情報とその結びつきの視点から捉え、複数の情報を結びつけて新たな意味を見いだす力や問題の発見・解決等に向けて情報技術を適切かつ効果的に活用する力を身に付けていること」[1-23] と記述されています。この内容は技術リテラシーのうち、技術を改良したり、応用したりする力である技術イノベーション力に相当すると考えられます。このことを踏まえると、単に論理的に問題を解決することを目指すだけではなく、技術を活かすことも求められているといえます。なお、小学校プログラミング教育で扱う技術の種類は、プログラミングという文脈を考慮すると、コンピュータやネットワーク等のICTと考えられます。

　以上のことから、思考力・判断力・表現力等の柱としては、問題発見・解決に向けて働くと考えられるプログラミング的思考と技術イノベーション力の両方を育

成する必要があると考えられます。

（5）小学校プログラミング教育における目標の具体像：「学びに向かう力・人間性等」の柱

> 発達の段階に即して、コンピュータの働きを、よりよい人生や社会づくりに生かそうとする態度を涵養すること。

　学びに向かう力・人間性等の柱には汎用的なスキルや非認知能力等が含まれています。非認知能力とは学力テスト等で測定できない個人の資質・能力のことです。

　情報活用能力との関係性に関しては、情報活用能力では「情報や情報技術を適切かつ効果的に活用して情報社会に主体的に参画し、その発展に寄与しようとする態度等」と対応しており、問題発見・解決に向けて、コンピュータを活用しようとする態度を設定できます。問題発見・解決のための最も重要な資質・能力として創造性と想像性が挙げられます。新たな価値そのものである想像性と、新たな価値を創出しようとする創造性とが組み合わさることがイノベーションの創出につながると考えられます。

　また、プログラミング的思考のもととなるコンピューテーショナル・シンキングには性格特性や態度等が関係しているとされています [1-24]。問題解決に取り組むときにコンピュータの働きを活かし、情報や情報技術を適切に活用するためには試行錯誤が必要と考えられます。そのため、試行錯誤を繰り返すことと、忍耐強く取り組むことは関連していると考えられます。さらに、情報社会に主体的に参画し、その発展に寄与するためには他者との協力は不可欠です。小学校プログラミング教育においても、一人でプログラミングを行うのではなく、ペアやグループで課題に取り組ませる等、協働的な学習として位置付けられるように工夫する必要があります。また、適切にコンピュータを活用するという観点としては、情報モラルや情報セキュリティに対する意識の育成が考えられます。情報モラルや情報セキュリティに対する意識には、ICT に関連する知識の影響が報告されています [1-25]。プログラミングには情報の科学的な理解の育成が期待できるため、小学校プログラミング教育を通して、情報モラルや情報セキュリティに対する意識の育成につなげることができると考えられます。さらに、小学校プログラミング教育を通して、コンピュータの働きを理解するだけに留まるのではなく、それを生かそうとする態度を培うことが技術リテラシーの育成につながると考えられます。技術リテラシーの観点からは、「コンピュータの働きをよりよい人生や社会づくりに生かそうとする態度」として、技術を評価したり、選択したりする「技術ガバナンス力」が相当すると考えられます。

以上、小学校学習指導要領の3つの柱ごとに示された小学校プログラミング教育の目標を確認し、さらに、技術リテラシー、情報活用能力の観点を踏まえた捉え方を踏まえると、**表2**のように整理できます。

表2　技術リテラシーの観点を踏まえたプログラミング教育で育成すべき資質・能力

知識・技能	思考・判断・表現	主体的に学習に取り組む態度
・コンピュータの理解（5大装置：入力－演算－出力） ・コンピュータとプログラムの関係 ・アルゴリズムの理解・表現（順次処理、反復処理、分岐処理）	**技術イノベーション力の要素** ・抽象化 ・一般化 ・分解（構造化） ・評価 ・アルゴリズム的思考 ・論理的推論	**技術ガバナンス力の要素** ・問題発見・解決に向けて、コンピュータを活用しようとする態度 ・創造性 ・想像性 ・試行錯誤 ・忍耐力 ・協調性　　　等

1-3 小学校プログラミング教育で求められる教員の資質・能力

（1）小学校プログラミング教育に関する指導のための基本的知識

　小学校プログラミング教育に関する指導を行う上で、プログラミングに関する基本的知識は必要です。森山は、小学校プログラミング教育に関する指導を行う上で、教員がこれだけは覚えておきたいプログラミングに関する基本的知識を3点に整理しました [1-26]。

　1つ目は、プログラムとプログラミングの違いです。プログラムとは「コンピュータを動かしている命令の組み合わせ」で、プログラミングとは「プログラムを作ること」です。プログラムとは命令を組み合わせたモノそのものを指すのに対し、プログラミングは組み合わせる動作を指しているという違いがあります。音楽で例えると、プログラムは楽譜、プログラミングは作曲に相当します。小学校プログラミング教育で使用するプログラミングの語句はそれほど多くはありません。また、プログラミングを取り入れた実践をすることで、プログラミングに関する語句は少しずつ身に付けられます。まずは「プログラムをしよう」、「プログラミングを作ろう」といった表現は適切ではないとわかるところから始めましょう。

　2つ目は、アルゴリズムの基本となる順次処理、反復処理、分岐処理の理解です。前述のように、どんなに複雑なプログラムも順次処理、反復処理、分岐処理の3つのアルゴリズムの基本で表せます。プログラムの構造が3つのアルゴリズムの基本で表せることを理解しておくことによって、プログラムに組み込まれた複雑な命令のそれぞれの意味は十分に理解できなくても、プログラムの処理の流れを把握できます。例えば、効率的に作業するために同じ処理は反復処理で考えること、さらに、反復処理で表現できるように処理の流れを整えることは、プログラミング的思考の

育成に影響すると考えられます。プログラミング言語によって、命令の記述方法は
さまざまです。プログラミングスキルの習得は目指されていないことから、小学校
プログラミング教育の指導のために、教員がプログラマーのようにプログラミング
言語を使いこなせるようになる必要はないと考えられます。

　3つ目は、コンピュータの基本的な仕組みです。一般的に、コンピュータの働き
は入力から出力までが瞬時に行われるため、コンピュータの5つの機能がどう組み
合わさって処理されているかに意識を向けないと、気が付くことは困難です。コン
ピュータの5つの機能のうち、「入力」された情報が「演算（処理）」され、「出力」
されるという関係にあり、それぞれの処理を支えているのがプログラムです。この
ように理解しておくことで、身近にあるコンピュータを使うことを通して、コン
ピュータの働きとプログラムの働きを区別することができ、さらにプログラミング
に関連するコンピュータの仕組み等の理解が深まると考えられます。

（2）これからの教員に必要な資質・能力を構造化する：TPACK フレームワーク

　小学校プログラミング教育では技術リテラシー、情報活用能力、問題発見・解決
能力と育成したい資質・能力が多岐に渡ります。これらの資質・能力を育成できる
指導力を身に付けるために、これからの教員は単にプログラミングに精通するだけ
では十分ではありません。新しい技術に対応できるようになるためには、教員の継
続的専門能力開発（CPD：Continuing Professional Development）の在り方を
検討する必要があります。これからの教員に求められる資質・能力を考える上で、
技術と関わる教育的内容知識（TPACK：Technological Pedagogical Content
Knowledge）のフレームワークで捉えることが大変参考になります。**図4**に
TPACK フレームワークの全体像を示します。TPACK フレームワークは3つの基本
的な知識を軸に教員の専門性を支える知識体系をモデル化したものです [1-27]。

　教員の専門性を支える基本的な知識の1つ目は①教育に関する知識（PK：
Pedagogical Knowledge）です。① PK は「教えることと学ぶことの過程、実践、方法、
評価についての深い知識」と定義されています。一般的な授業における指導方法か
ら評価に関する知識であると捉えられます。2つ目は、②教科内容に関する知識（CK：
Content Knowledge）です。② CK は「学ばれ教えられる現今の教科に関する知識」
と定義されています。この知識は各教科で扱う学習内容に関する知識と考えられま
す。3つ目は、③技術に関する知識（TK：Technological Knowledge）です。③
TK は「本、チョーク、黒板、そしてインターネットやデジタルビデオなど、より高
度な技術といった標準的な技術に関する知識」と定義されています。この定義から、
③ TK における「技術」には、ICT に関するハイテクノロジーだけではなく、本やチョー
クといったローテクノロジーも含まれていることがわかります。

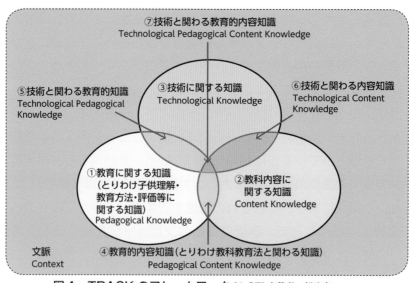

図4　TPACK のフレームワーク [1-27] を著者一部改変

　さらに、これらの知識が重なる領域の知識として、3 つの高次な知識があります。④教育的内容知識（PCK：Pedagogical Content Knowledge）、⑤技術と関わる教育的知識（Technological Pedagogical Knowledge）、⑥技術と関わる内容知識（Technological Content Knowledge）です。これらは従来の教科教育法に関わる知識と考えられています。④ PCK にはこれまでにも教科教育法で扱われてきた各教科の内容、各教科の指導方法の適切さや工夫等が含まれています。⑤ TPK は、技術を用いることによって変化しうる授業に関する知識と捉えられます。例えば、小学校家庭科のリュックサックの作成計画を考える学習をイメージしてください。技術を活用しない学習活動としては、教科書を見ながらワークシートに製作手順を整理する学習活動が考えられます。一方、技術を活用した学習活動として、プログラミングを取り入れることも考えられます。プログラムは順番通りに処理される特徴があり、必要に応じて、わかりにくいところを強調したり、繰り返し表示したりできます。このため、プログラミングを用いて、アニメーションで製作手順を表現する等の学習活動に取り組むことにより、学習者が製作手順をより深く理解できるようになることが期待できます。このように、⑤ TPK は技術を用いた評価法も含めた授業方法に関する知識を含んでいます。そして、⑥ TCK は、技術を用いることによって深掘りできる授業内容に関わる知識と捉えられます。例えば、算数科の合同な図形の性質を考える学習をイメージしてください。学習活動としてはコンパスや定規を用いて作図し、作図した図形の特徴を定規や分度器で測定して確認する学習活動が考えられます。一方、プログラミングを活用した学習活動として、辺の長さや角度の大きさを変化させて、合同な図形が作図できるかシミュレーションする学習活動が考えられます。算数科では正確に作図できるスキルの育成に加え

て、三角形の性質についての多面的な理解も重要です。プログラミングを活用することで、さまざまな特徴をもつたくさんの三角形を作図できるため、正確な作図を目標とした授業では扱うことが難しい、多様な三角形の特徴を扱えるようになります。このように、⑥ TCK は技術を用いることでアプローチが可能な授業内容に関わる知識を含んでいます。なお、ここでは小学校プログラミング教育の文脈を踏まえて⑤ TPK と⑥ TCK を捉えているため、プログラミングを用いた展開を例示していますが、プログラミングに限らず、ローテクノロジーな教材（色板や加工できる紙や針金等の素材）の活用も十分考えられます。⑤ TPK や⑥ TCK はややもすれば、ICT の活用、プログラミングの活用ありきで考えられてしまう危険性があります。技術の「特性」を考慮した上で使う技術を選択することは、⑤ TPK や⑥ TCK の重要な視点です。技術を使うことが目的にならないために、教員がプログラミングのもつよさをよく理解した上で、プログラミングのもつよさを、授業に取り入れていこうとする姿勢が大切です。

　最後に、① PK、② CK、③ TK の 3 つの全ての知識を超えて現れる知識が⑦ TPACK とされています [1-28]。なお、以前は技術と関わる教育的内容知識そのものを指すときには「TPCK」が使われていましたが、現在では「TPACK」の呼称が一般的に用いられている [1-29] ことを踏まえ、TPACK と表現します。⑦ TPACK は「文脈」を考慮し、学習者の深い学びに向けて、それぞれの知識を有機的に機能させられる知識形態とされています。これからの教員は⑦ TPACK を身に付けることが求められます。

(3) ICT 活用指導力に相当する⑤ TPK に関する教員の資質・能力の測定

　TPACK フレームワークの 7 つの知識を身に付けるためには、それぞれの知識の習得状況を測定する必要があります。これらの 7 つの知識のうち、⑤ TPK の習得状況の把握に関しては、これまでに開発されている「教員の ICT 活用指導力チェックリスト」が利用できます [1-30]。**図5**に「教員の ICT 活用指導力チェックリスト」を示します。

　「教員の ICT 活用指導力チェックリスト」には教員自身の ICT 活用力に関係する能力として、「A 教材研究・指導の準備・評価・校務などに ICT を活用する能力」、「B 授業に ICT を活用して指導する能力」、そして、児童生徒が ICT を活用する際に求められる指導力として「C 児童生徒の ICT 活用を指導する能力」、最後に、情報モラルや情報セキュリティに関する能力として「D 情報活用の基盤となる知識や態度について指導する能力」の 4 領域が設定されています。これらの能力のうち、教科におけるプログラミング教育の実践に関連する資質・能力と考えられるのは、「B 授業に ICT を活用して指導する能力」です。直接的にプログラミング教

教員のＩＣＴ活用指導力チェックリスト

平成30年6月改訂

ＩＣＴ環境が整備されていることを前提として、以下のＡ－１からＤ－４の１６項目について、右欄の４段階でチェックしてください。

	4 できる	3 ややできる	2 あまりできない	1 ほとんどできない

A　教材研究・指導の準備・評価・校務などにＩＣＴを活用する能力

Ａ－１　教育効果を上げるために，コンピュータやインターネットなどの利用場面を計画して活用する。 ... 4　3　2　1

Ａ－２　授業で使う教材や校務分掌に必要な資料などを集めたり，保護者・地域との連携に必要な情報を発信したりするためにインターネットなどを活用する。 ... 4　3　2　1

Ａ－３　授業に必要なプリントや提示資料，学級経営や校務分掌に必要な文書や資料などを作成するために，ワープロソフト，表計算ソフトやプレゼンテーションソフトなどを活用する。 ... 4　3　2　1

Ａ－４　学習状況を把握するために児童生徒の作品・レポート・ワークシートなどをコンピュータなどを活用して記録・整理し，評価に活用する。 ... 4　3　2　1

B　授業にＩＣＴを活用して指導する能力

Ｂ－１　児童生徒の興味・関心を高めたり，課題を明確につかませたり，学習内容を的確にまとめさせたりするために，コンピュータや提示装置などを活用して資料などを効果的に提示する。 ... 4　3　2　1

Ｂ－２　児童生徒に互いの意見・考え方・作品などを共有させたり，比較検討させたりするために，コンピュータや提示装置などを活用して児童生徒の意見などを効果的に提示する。 ... 4　3　2　1

Ｂ－３　知識の定着や技能の習熟をねらいとして，学習用ソフトウェアなどを活用して，繰り返し学習する課題や児童生徒一人一人の理解・習熟の程度に応じた課題などに取り組ませる。 ... 4　3　2　1

Ｂ－４　グループで話し合って考えをまとめたり，協働してレポート・資料・作品などを制作したりするなどの学習の際に，コンピュータやソフトウェアなどを効果的に活用させる。 ... 4　3　2　1

C　児童生徒のＩＣＴ活用を指導する能力

Ｃ－１　学習活動に必要な，コンピュータなどの基本的な操作技能（文字入力やファイル操作など）を児童生徒が身に付けることができるように指導する。 ... 4　3　2　1

Ｃ－２　児童生徒がコンピュータやインターネットなどを活用して，情報を収集したり，目的に応じた情報や信頼できる情報を選択したりできるように指導する。 ... 4　3　2　1

Ｃ－３　児童生徒がワープロソフト・表計算ソフト・プレゼンテーションソフトなどを活用して，調べたことや自分の考えを整理したり，文章・表・グラフ・図などに分かりやすくまとめたりすることができるように指導する。 ... 4　3　2　1

Ｃ－４　児童生徒が互いの考えを交換し共有して話合いなどができるように，コンピュータやソフトウェアなどを活用することを指導する。 ... 4　3　2　1

D　情報活用の基盤となる知識や態度について指導する能力

Ｄ－１　児童生徒が情報社会への参画にあたって自らの行動に責任を持ち，相手のことを考え，自他の権利を尊重して，ルールやマナーを守って情報を集めたり発信したりできるように指導する。 ... 4　3　2　1

Ｄ－２　児童生徒がインターネットなどを利用する際に，反社会的な行為や違法な行為，ネット犯罪などの危険を適切に回避したり，健康面に留意して適切に利用したりできるように指導する。 ... 4　3　2　1

Ｄ－３　児童生徒が情報セキュリティの基本的な知識を身に付け，パスワードを適切に設定・管理するなど，コンピュータやインターネットを安全に利用できるように指導する。 ... 4　3　2　1

Ｄ－４　児童生徒がコンピュータやインターネットの便利さに気付き，学習に活用したり，その仕組みを理解したりしようとする意欲が育まれるように指導する。 ... 4　3　2　1

図5　教員のICT活用指導力チェックリスト [1-30]

育の実践とは関係していませんが、広く導入やまとめといった学習場面での効果的なICT利用、児童の学習活動を充実させるためのICT活用の観点として自己評価に利用できると考えられます。このチェックリストは、教員としてどのような観点に着目しながらICTを活用した実践を行えばよいかを意識させるためのものです。チェックリストによる自己評価が低かった場合は、チェックリストに示された項目を意識しながら実践を続けましょう。定期的に「教員のICT活用指導力チェックリスト」で自己評価することを通して、⑤ TPKが身に付くことが期待できます。

（4）TPACK フレームワークの観点を踏まえた教員の資質・能力の向上に向けて

　小学校プログラミング教育を充実させるために、これからの教員には TPACK フレームワークの観点を踏まえた資質・能力の向上が必要です。小学校プログラミング教育に関わる TPACK 育成に向けては、まずは基本となる 3 つの知識からアプローチすることが考えられます。特に、③ TK にはコンピュータの仕組みやプログラミング言語、ネットワーク（情報セキュリティを含む）等に関する基本的な知識が含まれます。小学校プログラミング教育を実践する教員に身に付けてほしいこれらの基本的な知識の詳細は、第 2 章と第 3 章で説明します。

　これからの教員は技術に関する知識（③ TK）を身に付けた上で、技術を用いることで変化しうる授業に関わる知識（⑤ TPK）と、技術を用いることで深掘りできる授業内容に関わる知識（⑥ TCK）を身に付けることが必須です。これらの知識育成の参考のために、TPACK フレームワークを踏まえた小学校プログラミング教育の文脈における学習活動の例を**表3**に示します。

　小学校プログラミング教育は小学校の各教科で実践しますので、TPACK を踏まえた小学校プログラミング教育に関する指導のポイントとして、各教科の内容に関わる知識（② CK）の観点を踏まえ、どのように ICT を組み合わせるかを考えることが挙げられます。まずは、**表3**に示したように、各教科で取り組む基本的な学習

表3　TPACK フレームワークを踏まえた小学校プログラミング教育の学習活動の例

小学校の教科	基本的な学習活動の例	指導のポイントの例	プログラミングを取り入れた学習活動の例
国語科	・書く ・読む	・場面の移り変わりを表現する、捉える。	・物語をアニメーションで表現する。
算数科	・計算する ・作図する	・計算の仕組みを理解する。 ・正確な図を作成する。	・計算プロセス・結果をアニメーションで再現する。 ・作図する（シミュレーション・変数の変化）。
社会科	・調べる ・整理する	・特徴を踏まえて、分類する。	・都道府県クイズを作成する（条件に合うものを検索できるようにする）。
理科	・観察する	・時系列での変化、順序性を正確に記録する。	・天気や植物等を定点観測する。 ・センサを活用して環境を測定する。
音楽科	・ふしをつくる	・音階、音の長さを調整する。	・作曲・編曲する（DTM：Desk Top Music）。
体育科（保健領域）	・動きを作る ・測定する	・決まった動きを繰り返す。 ・正確に記録する。	・ダンスのアニメーションを作成する。 ・センサを活用して環境を測定する。
図画工作科	・制作する	・コンピュータを用いて、自分の思いを表現する。	・デジタルアート（アニメーション）を作成する。
家庭科	・計画を立てる	・適切な手順を考える。	・料理の手順等のアニメーションを作成する。
外国語科	・話す ・聞く	・外国語の表現を話したり、聞いたりする。	・音声を録音・再生する機能をもったコンテンツを作成する。
特別の教科道徳	・体験する	・情報モラル、情報セキュリティに関する基本的な知識を身に付ける。	・インターネット、セキュリティ等の仕組みに関する簡単なアニメーションを作成する。

活動を取り上げ、プログラミングを取り入れた学習活動に置き換え、設定した授業の目標が達成できるかを検討することが考えられます。このように、従来の各教科の指導方法、評価に関わる知識（④ PCK）を使いながら、プログラミングを取り入れた授業実践に取り組むことによって、小学校プログラミング教育に関するTPACK の意識が形成されることが報告されています [1-31]。

　さらに、⑤ TPK や⑥ TCK が身に付くことによって、プログラミングのよさをうまく取り入れた各教科の学習活動を展開できるようになると考えられます。例えば、プログラムは順番に処理されるため、各要素の一つ一つの処理、言い換えれば、各要素の仕組みに関する詳細を学習者が確かめる必要性が生じます。そのため、小学校プログラミング教育の文脈では、プログラミングを取り入れた学習活動を通して、物事の仕組みを確かめ、深い理解・確実な理解につながるような学習効果が期待できます。また、学習者がプログラミングするためには、プログラミングする対象について深く知ることが必要です。プログラミングに取り組むことで、プログラミングする対象のことを調べる事前学習の取り組みの質が高まることが期待できます。副次的な効果として、主体的に調べ学習に取り組むことによって調べる対象への興味・関心や学習意欲を高めることにつなげられる可能性があります。

　以上、これからの教員は③ TK を身に付けた上で、② CK を軸にした TPACK の観点に着目する必要があると考えられます。各教科における基本的な学習活動に着目し、学習者目線でねらいとの関連がわかりにくい学習活動や、思考プロセスを可視化したい活動に対し、プログラミングを取り入れた学習活動に置き換えることでよりよい授業につながるかどうかを考えることが大切です。そして、次の段階として、プログラミングを取り入れたからこそ実現できる効果的な教育内容を開発することで、小学校プログラミング教育がより一層充実したものになると考えられます。

　最後に、これからの教員に必要な資質・能力は、小学校プログラミング教育に向けて身に付けるものだけでは十分ではありません。現在、新しい技術を教育分野に応用した教育のイノベーションにも高い関心が寄せられています。文部科学省は、「教育における AI、ビッグデータ等の様々な新しいテクノロジーを活用したあらゆる取組」を EdTech（エドテック）として整理しており [1-32]、総務省ではEdTech を活用した「未来の教室」実証事業が行われています。これからの教員は小学校プログラミング教育に向けて身に付けた資質・能力を活かして、「未来の教室」が実現できる指導力を身に付けられるように、自己研鑽を図ることが大切です。

引用・参考文献

[1-1] United Nations：我々の世界を変革する：持続可能な開発のための 2030 アジェンダ（外務省仮訳版），第 70 回国連総会，https://www.mofa.go.jp/mofaj/files/000101402.pdf（最終閲覧日：2020 年 9 月 30 日）

[1-2] 国立研究開発法人科学技術振興機構研究開発戦略センター：研究開発の俯瞰報告書統合版（2019 年）〜俯瞰と潮流〜，https://www.jst.go.jp/crds/pdf/2019/FR/CRDS-FY2019-FR-01.pdf（最終閲覧日：2020 年 9 月 30 日）

[1-3] 総務省：ICT スキル総合習得教材，https://www.soumu.go.jp/ict_skill/pdf/ict_skill_1_1.pdf（最終閲覧日：2020 年 9 月 30 日）

[1-4] 総務省：平成 29 年版 情報通信白書，https://www.soumu.go.jp/johotsusintokei/whitepaper/ja/h29/html/nc121100.html（最終閲覧日：2020 年 9 月 30 日）

[1-5] 内閣府：Society5.0, https://www8.cao.go.jp/cstp/society5_0/（最終閲覧日：2020 年 9 月 30 日）

[1-6] 文部科学省：AI 戦略等を踏まえた AI 人材の育成について，https://www5.cao.go.jp/keizai-shimon/kaigi/special/reform/wg7/20191101/shiryou2_1.pdf（最終閲覧日：2020 年 9 月 30 日）

[1-7] OECD Education and Skills Today: Computer Science and PISA2021, https://oecdedutoday.com/computer-science-and-pisa-2021/（最終閲覧日：2020 年 9 月 30 日）

[1-8] 文部省：1970（昭和 45）年告示高等学校学習指導要領, https://www.nier.go.jp/guideline/s45h/index.htm（最終閲覧日：2020 年 9 月 30 日）

[1-9] 文部省：1989（平成元）年告示中学校学習指導要領，大蔵省印刷局（1989）

[1-10] 文部省：1998（平成 10）年告示中学校学習指導要領，大蔵省印刷局（1998）

[1-11] 文部科学省：2017（平成 29）年告示小学校学習指導要領，東洋館出版社（2018）

[1-12] 文部科学省：小学校段階における論理的思考力や創造性，問題解決能力等の育成とプログラミング教育に関する有識者会議「小学校段階におけるプログラミング教育の在り方について（議論の取りまとめ）」, http://www.mext.go.jp/b_menu/shingi/chousa/shotou/122/attach/1372525.htm（2016）(最終閲覧日：2020 年 9 月 30 日）

[1-13] 阪東哲也，黒田昌克，福井昌則，森山潤：我が国の初等中等教育におけるプログラミング教育の制度化に関する批判的検討，兵庫教育大学学校教育学研究,30,pp.173-184（2017）

[1-14] 文部省：体系的な情報教育の実施に向けて（情報化の進展に対応した初等中等教育における情報教育の推進等に関する調査研究協力者会議「第 1 次報告」), http://www.mext.go.jp/b_menu/shingi/chousa/shotou/002/toushin/971001.htm（最終閲覧日：2020 年 9 月 30 日）

[1-15] 臨時教育審議会：教育改革に関する第二次答申，大蔵省印刷局（1986）

[1-16] 日本産業技術教育学会：21 世紀の技術教育（改訂），日本産業技術教育学会誌，54 (4)，別冊（2014）

[1-17] 日本産業技術教育学会：新たな価値と未来を創造する技術教育の理解と推進，https://www.jste.jp/main/data/leaflet.pdf（最終閲覧日：2020 年 9 月 30 日）

[1-18] 文部科学省：2017（平成 29）年告示中学校学習指導要領，pp.132-136,東山書房（2018）

[1-19] Seymour, A, P:Mindstorms: Children, Computers, And Powerful Ideas 2nd Edition,Basic Books（1993）

[1-20] Wing, J, M:Computational thinking, Communications of the ACM, 49,33-35（2006）

[1-21] Computing At School:Computational thinking A guide for teachers, https://community.computingatschool.org.uk/files/8550/original.pdf（最終閲覧日：2020 年 9 月 30 日）

[1-22] Barefoot：Computational Thinking Key Terms, https://www.barefootcomputing.org/resources/computational-thinking-key-terms（最終閲覧日：2020 年 9 月 30 日）

[1-23] 文部科学省：教育の情報化の手引き - 追補版 -, https://www.mext.go.jp/a_menu/shotou/zyouhou/detail/mext_00117.html（2020）（最終閲覧日：2020 年 9 月 30 日）

[1-24] Joint Research Centre:Developing Computational Thinking in Compulsory Education, JRC SCIENCE FOR POLICY REPORT, https://publications.jrc.ec.europa.eu/repository/bitstream/JRC104188/jrc104188_computhinkreport.pdf（最終閲覧日：2020 年 9 月 30 日）

[1-25] 阪東哲也，世良啓太，掛川淳一，森山潤：教員養成系学生における情報セキュリティ意識と ICT に関する知識の関係，日本産業技術教育学会第 35 回四国支部大会講演要旨集，pp.14（2019）

[1-26] 森山潤：平成 30 年度第 2 回淡路地区情報教育研修会「小学校段階におけるプログラミング教育の考え方と実践の方向性」配布資料，兵庫県教育委員会淡路教育事務所主催（会場：南あわじ市立松帆小学校），2018 年 11 月 2 日

[1-27] 小柳和喜雄：教員養成及び現職研修における「技術と関わる教育的内容知識（TPACK）」の育成プログラムに関する予備的研究，教育メディア研究，23,1,pp.15-31（2016）

[1-28] MISHRA, P., and KOEHLER, M. J.：Technological pedagogical content knowledge: A framework for teacher knowledge. Teachers College Record, 108 (6) ,pp.1017-1054（2006）

[1-29] 小柳和喜雄：TPACK の Pedagogical Knowledge 概念の検討. 研究報告集（JSET 17-3）,189-196（2017）

[1-30] 文部科学省：教員の ICT 活用指導力チェックリスト，https://www.mext.go.jp/a_menu/shotou/zyouhou/detail/__icsFiles/afieldfile/2019/05/17/1416800_001.pdf（最終閲覧日：2020 年 9 月 30 日）

[1-31] 小田理代・後藤義雄・星千枝・永田衣代・青木譲・赤堀侃司：各教科等横断的なプログラミング教育の実践による小学校教師の変容に関する考察—Technological Pedagogical Content knowledge（TPACK）の形成の観点から-,STEM 教育研究 ,2,3-14（2020）

[1-32] 文部科学省：Society5.0 における EdTech を活用した教育ビジョンの策定に向けた方向性，https://www.mext.go.jp/b_menu/shingi/chukyo/chukyo3/002/siryo/__icsFiles/afieldfile/2018/06/20/1406021_18.pdf（最終閲覧日：2020 年 9 月 30 日）

プログラミング教育に必要な知識：コンピュータ

　本章では、プログラミング教育に必要となるコンピュータの仕組みや情報の表現方法について説明するとともに、さまざまなプログラミング言語を紹介し、学校教育で利用する視点から選択する方法などについて解説します。また、あらかじめ手順が決まっている処理ではなく、学習することで適切な処理結果が出せるように工夫された人工知能の概要についても触れます。

2-1 コンピュータの構成

　現在利用されているほとんどのコンピュータはノイマン型コンピュータと呼ばれ、あらかじめ保持された手順に従って計算する機械です。そのため、「①計算するための手順と値を保持する仕組み」と「②手順に従って計算する仕組み」をもっています。②は、加算や減算などの計算をする仕組みと手順に従って動作する仕組みからなります。さらに、人間がコンピュータを使うために「③計算する値を入力する仕組み」と「④計算した値を示す仕組み」も備えていることが一般的です。これらの仕組みの関係を**図1**に示します。

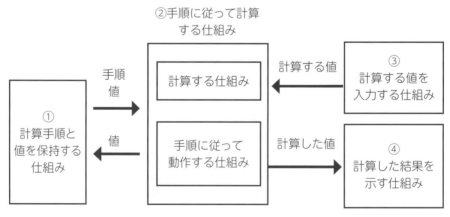

図1　コンピュータの基本的な仕組み

　情報技術の用語では、①の仕組みを「記憶装置」と呼びます。同様に、②の仕組みを「中央処理装置（CPU：Central Processing Unit）」と呼び、計算する仕組みを「演算機能」、手順に従って動作する仕組みを「制御機能」と呼びます。③と

④の仕組みを、それぞれ「入力装置」、「出力装置」と呼びます。現在では、各仕組みは集積した電子回路で構成され小型化しているため、「○○部」と呼んだ方が実態に合っているかもしれませんが、コンピュータの黎明期には各仕組みが個別の箱に収められて構成されていたため「○○装置」と呼ぶことが一般的です。また、手順は命令コードの集まりで表現され、値はデータと呼ばれます。日本工業規格（JIS）の情報処理用語（JIS X 0001）で置き換えたコンピュータの基本的な構成を**図2**に示します。

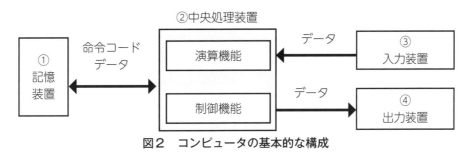

図2　コンピュータの基本的な構成

　ハードウェアは、コンピュータを構成する物体そのものです。計算する手順を示した命令コードとデータを合わせてソフトウェアと呼びます。ハードウェアを全く変更しなくても、異なる手順で計算できるような仕組みをソフトウェアとして備えたことがコンピュータとしての最も大きな特長となっています。

　ソフトウェアのうち、ファームウェアと呼ばれるものは、あらかじめ装置内に記憶され、起動時に実行されるプログラムから構成されています。主なファームウェアとして BIOS（Basic Input/Output System）や UEFI（Unified Extensible Firmware Interface）があります。ファームウェアを介して、システムを稼働させるために必要なさまざまなプログラムの集合体であるソフトウェアが記憶装置から読み込まれ実行されます。このソフトウェアのことをオペレーティングシステム（OS：Operating System）と呼びます。PC 用として、Windows や Mac OS、Linux など、携帯端末用として、Andorid や iOS などがよく利用されています。OS の機能を使って、文書作成や表計算などの目的を達成するための処理を行うアプリケーションソフトウェアを起動し利用します。

①記憶装置（メモリ）

　記憶装置は、情報を特定の状態で保持できる記憶素子を多数並べて構成します。例えば、身近な記憶素子として照明スイッチがあります。照明スイッチをオンにすると点灯する状態が保持され、オフにすると消灯した状態が保持されるため、1 ビット分の情報を記憶していると考えることができます。ただ、人力で状態を切り替えする方法では、コンピュータとしての機能を果たせませんから、電気的に状態を切り替えできる記憶素子が使われます。

記憶素子は、外部からの持続的なエネルギー供給の有無で記憶状態を保持できるか否かで「揮発性メモリ」と「不揮発性メモリ」に大別されます。「揮発性メモリ」で利用される記憶素子は、状態の切り替えが高速にできる半導体で構成され、RAM（Random Access Memory）と呼ばれます。RAM は計算途中で一時的に使うデータを保持する場合などで利用されます。一方、「不揮発性メモリ」は ROM（Read Only Memory）やフラッシュメモリと呼ばれ、手順を示す命令コードやデータを記憶しておきます。ROM は状態の書き換えができない回路で構成されます。フラッシュメモリは電気的に状態を書き換えできますが、揮発性メモリより低速です。

　図3に示すように、記憶装置を構成する記憶素子は数個ごとにまとめられ一つのアドレス（番地）と呼ばれる番号が付けられ区別されます。欧米では道路沿いにある建物の番地を順序通りに割り振るため、記憶素子を建物に例えてアドレスと呼ばれるようになったそうです。実際には記憶素子を 8 個まとめた記憶装置がよく利用されています。

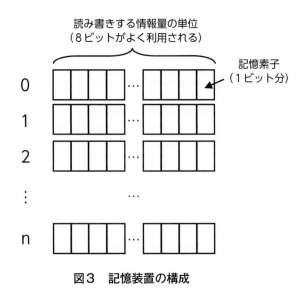

図3　記憶装置の構成

　さらに、大量の情報を記憶する場合、状態の書き換えに時間はかかりますが廉価な記憶方式を用いた補助記憶装置を利用します。その記憶方式として、フラッシュメモリのように電気的な特性を使ったもの、CD や DVD のように光の反射の度合いを使ったもの、ハードディスクのように磁気の度合いを使ったものなどがあります。

②中央処理装置（CPU）

　中央処理装置は演算機能と制御機能を備えています。演算機能は加算や減算などを行う回路から構成されています。制御機能は、命令コードに従って行う処理を

実現する回路と、記憶装置から読み出す命令コードのアドレスを示すプログラムカウンタなどから構成されています。命令コードは中央処理装置の種類によって異なりますが、記憶装置からのデータの読み書き、演算、プログラムカウンタの変更などに対応する命令に対して個々に数値が割り振られています。命令コードのことを「機械語」や「マシン語」と呼びます。

　計算する手順は、記憶装置に書き込まれた命令コードの組み合わせであるプログラムで表現します。プログラムカウンタが示すアドレスに記憶されている命令コードを読み取り、その命令の内容に従って演算したり、条件によってプログラムカウンタを変更したりするなどして、手順通りに計算を実行していきます。命令コードを組み合わせる作業のことをプログラミングと呼びます。非常に単純な手順であれば命令コードを手作業で組み合わせてプログラミングすることも可能ですが、通常は人間にとってわかりやすく記述できるプログラミング言語を使って手順を表し、コンパイラと呼ばれるソフトウェアを利用して命令コードに翻訳する方法が使われます。

③入力装置

　入力装置はさまざまな形式のデータをコンピュータに入力するためのものです。具体的な入力装置として、文字データを入力するキーボード、位置座標データを入力するタッチパネルやマウス、音声データを入力するマイク、画像や映像データを入力するカメラなどが利用されています。

④出力装置

　出力装置はコンピュータからデータをさまざまな形式で出力するためのものです。具体的な出力装置として、画像や映像、文字データを出力し表示するディスプレイや、印刷するプリンタ、音声データを出力するスピーカなどが利用されています。

2-2 情報の表現

　人間は情報を記録するための方法として文字や図形などを利用しています。特に、数値の表現方法では、人間の両手の指の総数が10本であることから、1から10までは数えやすいため、10進数という10を基数とする位取り記数法がよく利用されています。一方、コンピュータは電子回路で構成されていますから、できるだけ簡単な回路にして故障しにくく安価にすることが求められます。そのため、電気が蓄えられているか否か、電圧が0Ｖか5Ｖかなどのように電気的な状態を2通りに限定することで、回路を簡単化する方法が考え出されました。2通りの状態を数字の「0」と「1」に対応させることで、2進数という2を基数とする情報の表

現方法がコンピュータでは利用されています。また、情報の最小表現を2通りに限定することで、記憶や通信において外部からのノイズに強くなるという利点もあります。

　情報の単位として、ビット（bit）が使われます。1ビットは2進数の1桁分に対応します。8ビットをまとめたものを正式には1オクテットと呼びますが、現在では、1バイトと呼んでもほとんど問題はありません。さらに、大量の情報量を表すため**表1**に示すSI接頭語と2進接頭語が利用されています。まず、$2^{10}=1024$ が、SI接頭語のK（キロ）を示す1000に近いことから使われ始め、記憶装置の容量が大きくなるにつれて1000倍ごとまたは 2^{10} 倍ごとの接頭語が利用されるようになっています。SI接頭語の場合、10の累乗数か2の累乗数かが不明確なため、SI接頭語に小文字の「i」を付けた2進接頭語の利用が推奨されています。

表1　情報量を表す接頭語

SI接頭語	読み方		2進接頭語	読み方	
K	キロ	10^3 倍または $2^{10}=1024$ 倍	Ki	キビ	$2^{10}=1024$ 倍
M	メガ	10^6 倍または $2^{20}=1048576$ 倍	Mi	メビ	$2^{20}=1048576$ 倍
G	ギガ	10^9 倍または 2^{30} 倍	Gi	ギビ	2^{30} 倍
T	テラ	10^{12} 倍または 2^{40} 倍	Ti	テビ	2^{40} 倍
P	ペタ	10^{15} 倍または 2^{50} 倍	Pi	ペビ	2^{50} 倍
E	エクサ	10^{18} 倍または 2^{60} 倍	Ei	エクスビ	2^{60} 倍

　2進数の位取り記数法で表現すると、10進数と比較して桁数が増え、人間にとって判読しづらいことから、2進数の3桁ごとをひとまとまりにして表現する8進法や4桁ごとにひとまとまりにして表現する16進法も利用されています。8進数の場合、0から7までの数字を利用します。一方、16進数の場合、0から9までの数字では足りないため、10をA、11をB、12をC、13をD、14をE、15をFという英字に対応させて表現します。なお、A～Fは小文字でもかまいません。特に、16進数の2桁が1バイトに相当すること、及び、10進数より表記の桁数が減るという点で人間にとってわかりやすいためよく利用されています。

（1）整数を表現する方法
　整数の情報を2進数で表現する場合、利用者側が決めなければならないことに、正または0の整数のみ（以下、符号なし整数）を取り扱うか、または、正、負、0の整数（以下、符号付き整数）を取り扱うかがあります。例えば、人数を表現する整数の場合は符号なし整数でよいのですが、温度（℃）を表現する整数の場合は、氷点下は負の整数になりますから符号付き整数が必要になります。

　符号なし整数は、表現するために用意された2進数の桁数（ビット数）の全てを使って表現します。筆算を使って符号なし整数を10進数から2進数に変換する例を図4に示します。10進数の値を2で割り、その下に商を書き、余りを商の右に書きます。商が1になるまでこの手順を繰り返します。変換後の2進数は、最後の商の1から順番にさかのぼって表記します。逆に2進数から10進数に変換する場合、2進数の第一位は$2^0=1$の位、同様に、第二位は$2^1=2$の位、…のように、第n位は2^{n-1}の位に対応するため、2進数で表現された数のうち、1である桁の位に、対応する値を全て加えることで10進数に変換できます。

　図4に示したように、10進数の1993は、2進数の11111001001に変換できました。さらに、8進数に変換するときは、2進数の第一位から順に3桁ごとに区切り、先頭に0を1つ補って011、111、001、001を得た後、それぞれの塊ごとに3、7、1、1と変換し、3711を得ます。同様に、16進数に変換するときは、2進数の第一位から順に4桁ごとに区切り、先頭に0を1つ補って0111、1100、1001を得た後、それぞれの塊ごとに7、C、9と変換し、7C9を得ます。

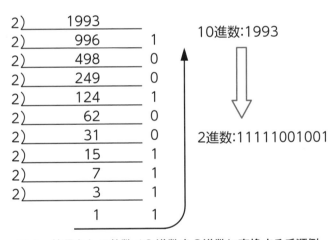

図4　符号なしの整数10進数を2進数に変換する手順例

　次に、符号付き整数について説明します。ある正の数に「何か」を加えると0になるとき、この加える「何か」を「負の数」と考えます。例えば、10進数の5に「－5」という数を加えると「0」になりますから、「－5」は正の数である5の負の数といえます。2進数でも同様に考えて負の数を表しますが、利用する桁数をあらかじめ決めておきます。例えば、2進数の4桁までを使う、と決めて考えてみましょう。10進数の5を2進数4桁で表現すると「0101」になります。「0101」に加えると「0000」になる数を「負の数」とします。先ほど、今回は4桁までしか使わない、と設定しましたので、4桁を超えて繰り上がりがある場合に、「10000」を「0000」とみなして同様に取り扱うことができます。このことを利用して引き算に相当する

計算をします。「0101」の各桁を反転（0→1、1→0）すると「1010」になります。元の数「0101」と各桁を反転した「1010」を加えると、全ての桁が1になり「1111」となります。「1111」に「1」を加えると繰り上がって「10000」になりますが、4桁を超えた桁はないものとみなすことができるので「0000」となります。

「0101」に「各桁を反転した数（1010）」と「1」を加えると「0000」になったわけですから、「各桁を反転した数に1を加えた数（1011）」は、「0101」の「負の数」といえます。情報技術の用語では、「各桁を反転した数」を「1の補数」、「各桁を反転した数に1を加えた数」を「2の補数」と呼びます。結果的に符号付きの整数は、表現する2進数の桁数（ビット数）のうち、最も位の高い1ビット（最上位ビットと呼びます）を正負を表す符号として使います。正は「0」、負は「1」とし、0は正の数として取り扱います。このように、2の補数を加算することは「減算」に対応し、加算する回路があれば減算もできることになります。

表2に、符号なしと符号付きの2進数4ビットで表現できる整数をそれぞれ示します。符号なしについては、各値に対応する10進数、8進数、16進数で表現した整数を示しています。符号付きについては、10進数で−8〜0〜7までの整数を表現できます。

表2　2進数4ビットで表現できる整数

符号なし				符号付き	
10進数	2進数	8進数	16進数	10進数	2進数
15	1111	17	F	7	0111
14	1110	16	E	6	0110
13	1101	15	D	5	0101
12	1100	14	C	4	0100
11	1011	13	B	3	0011
10	1010	12	A	2	0010
9	1001	11	9	1	0001
8	1000	10	8	0	0000
7	0111	07	7	-1	1111
6	0110	06	6	-2	1110
5	0101	05	5	-3	1101
4	0100	04	4	-4	1100
3	0011	03	3	-5	1011
2	0010	02	2	-6	1010
1	0001	01	1	-7	1001
0	0000	00	0	-8	1000

表3に表現できる整数の範囲を示します。範囲を超えた整数は表現できませんから、計算途中で範囲を超えないようにしなければなりません。

表3　表現できる整数の範囲

ビット数	符号なし整数 （10進数）	符号付き整数 （10進数）
8	0〜255	-128〜0〜127
16	0〜65535	-32768〜0〜32767
32	0〜4294967296	-2147483648〜0〜2147483647
n	$0〜2^n-1$	$-2^{n-1}〜0〜2^{n-1}-1$

（2）小数を表現する方法

位取り記数法では、小数点「.」より右側に数字を記述することで小数を表現します。10進数の場合、小数第一位は「$1÷10^1=0.1$の位」、小数第二位は「$1÷10^2=0.01$の位」、小数第三位は「$1÷10^3=0.001$の位」、……として表記します。2進数でも同様に小数第一位は「$1÷2^1=0.5$の位」、小数第二位は「$1÷2^2=0.25$の位」、小数第三位は「$1÷2^3=0.125$の位」、……として表記します。

10進数の小数を2進数に変換する筆算の手順例を**図5**に示します。ここでは、10進数の0.3を2進数に変換しています。まず、0.3を2倍し、0.6を得ます。その整数部分の値「0」を右に書き、0.3の下に0.6を書きます。同様に、0.6を2倍し、1.2を得ます。その整数部分の値「1」を右に書きます。整数部分を取り除いた値が0になるか、所定の桁数までこの手順を繰り返します。手順が終わったら、「0.」の次に、整数部分の値を上から順に取り出し右に並べて表記します。

0.3の場合、途中から「0.6 → 0.2 → 0.4 → 0.8」の繰り返しとなり、循環小数になります。コンピュータは有限の桁数しか取り扱うことができませんから、10進数の0.3を正確に2進数で表現することはできないことがわかります。

逆に2進数から10進数に変換する場合、2進数の小数第n位が$1÷2^{n-1}$の位に対応するため、2進数で表現された数のうち1である桁の位に対応する10進数の値を全て加えることで10進数に変換できます。

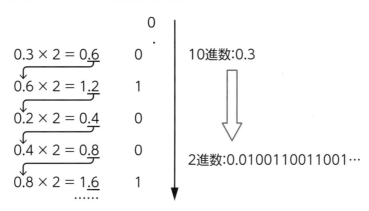

図5　小数の10進数を2進数に変換する手順例

小数を含む数値を2進数で表現する場合、利用者が必要とする精度に基づいて小数点の位置を決めます。例えば、符号なしの整数と小数を含む数値を8ビットで表現し、その内2ビットを小数桁に割り当てます。このような表現方法は、小数点が固定されているため「固定小数点数」と呼びます。

（3）　実数を表現する方法

　地球の質量は約 5.972×10^{24} kg とされ、とても大きな実数です。一方、電子の質量は約 9.109×10^{-31} kg とされ、とても小さな実数です。このように、大きな値や小さな値の実数は、必要な精度を示す桁数からなる小数（仮数部と呼びます）に、切りのいい値を累乗した値（指数部と呼びます）をかけて表現します。小数点が指数部の表現によって移動するという見方から、「浮動小数点数」と呼びます。ここで、指数部の「切りのいい値」として、10進数ならば10、2進数ならば2のように、位取り記数法の「基数」が通常使われます。

　これまで浮動小数点数の表現方法として様々な形式が提案され利用されてきましたが、現在では、IEEE754（アイトリプルイー 754）と呼ばれる規格が一般的に利用されています [2-1]。IEEE754では、32ビット（4バイト）や64ビット（8バイト）で浮動小数点数を表現する方法が主に利用されています。IEEE754による浮動小数点数の表現方法の概要を表4に示します。IEEE754による浮動小数点数は、正負を示す符号部1ビットに仮数部と指数部から構成され、仮数部と指数部に割り当てるビット数は有効桁数と呼ばれる実数の精度と表現できる実数の範囲のバランスを考慮して決められています。ゼロや無限大、0で除算した場合のように数値でないもの（NaN：Not a Number）などについては、仮数部と実数部に特別な値を設定することで表現します。

　なお、単精度浮動小数点数では10進数換算の有効桁数が7.2桁しかないため実用的な計算では用いられることは少なく、10進数換算の有効桁数が16.0桁ある

表4　IEEE754による浮動小数点数の表現方法の概要

名称	単精度浮動小数点数	倍精度浮動小数点数
符号部	1ビット	1ビット
仮数部	23ビット	52ビット
指数部	8ビット	11ビット
合　計	32ビット	64ビット
有効桁数（10進数換算）	7.2	16.0
最大値 （正規化数、10進数換算）	$\pm 3.4 \times 10^{+38}$	$\pm 1.8 \times 10^{+308}$
最小値 （正規化数、10進数換算）	$\pm 1.2 \times 10^{-38}$	$\pm 2.2 \times 10^{-308}$

倍精度浮動小数点数が利用されています。倍精度浮動小数点数で表現できる実数の範囲を超えるような計算処理を行う場合、特別な配慮が必要になります。単精度浮動小数点数は、大量の実数データとして保存する目的や、限られた計算処理などでのみ利用されます。また、整数の演算と比較して浮動小数点数の演算は複雑になるため、一般に処理時間は長くなります。そのため、汎用 CPU では倍精度浮動小数点数に対応した専用の演算回路を備えています。

　浮動小数点数は、小さな値から大きな値まで一定の有効桁数をもつ精度で表現できるという利点はありますが、表現する値が大きくなるほどその間隔も大きくなるように等間隔ではありません。さらに、浮動小数点数を利用した計算処理では、次に述べるさまざまな点に配慮してプログラムを作成しなければなりません。

①丸め処理

　仮数部のビット数を超える実数を表現する際に「丸め」と呼ばれる処理が行われます。通常、丸めによる誤差を減らすため 10 進数の四捨五入に対応する処理が行われます。

②情報落ち（データ落ち）

　2 つの浮動小数点数の加減算を行う場合、絶対値の小さい方の値がもつ一部の情報が損なわれます。これによる誤差を「情報落ち」または「データ落ち」と呼びます。特に、多数の加減算を行う場合に誤差が累積されていきます。

③桁落ち

　符号の異なる 2 つの浮動小数点数を加算したり、同符号の 2 つの浮動小数点数を減算したりするとき、両者の絶対値の差が小さいと演算結果として得られる仮数部も小さな値となります。この仮数部の値を浮動小数点数で表現するために小数点を移動させるため、仮数部に意味をなさないビットの値（通常、0）を含めざるを得なくなり、有効桁数が減少することがあります。これによる誤差を「桁落ち」と呼びます。

④オーバーフロー、アンダーフロー

　浮動小数点数として表現できる絶対値の範囲の大きい方より超えた場合、オーバーフローと呼び、小さな方から欠けた場合、アンダーフローと呼びます。オーバーフローしたら無限大として取り扱ったり、アンダーフローしたら 0 にしてしまったりする方法もありますが、期待した結果は得られなくなります。

（4）文字を表現する方法

　コンピュータに情報を入力したり処理結果を出力したりするための基本的な方法として文字が使われます。コンピュータで文字を取り扱う場合、文字の種類に対

応する文字コードと呼ばれる数値で表現し、文字コードの割り振り方を文字コード体系と呼びます。

　文字は人間が発明したもので言語の種類によって表現方法が異なります。数字の表現は国際的にアラビア数字（0から9）が利用されているので問題ありませんが、一般的な言葉を表す文字の種類は言語によって著しく異なります。例えば、英語で使う文字の種類は、大文字と小文字のアルファベットを合わせて52種類しかありませんが、日本語で使う文字の種類は、ひらがな、カタカナ、漢字などを合わせて約5万種類もあります [2-2]。

　表5に示すように英数字は文字種が少ないため1バイトの文字コードを割り振りました（JIS X 0201）。なお、JIS X 0201の下位7ビットは、ASCIIコードと呼ばれる文字コードに対応しています。

表5　JIS X 0201による文字コード　（色つき部分は制御文字）

下位4ビット（16進数）	上位4ビット（16進数）															
	0	1	2	3	4	5	6	7	8	9	A	B	C	D	E	F
0	NUL	DLE	(空白)	0	@	P	`	p				−	タ	ミ		
1	SOH	DC1	!	1	A	Q	a	q			。	ア	チ	ム		
2	STX	DC2	"	2	B	R	b	r			「	イ	ツ	メ		
3	ETX	DC3	#	3	C	S	c	s			」	ウ	テ	モ		
4	EOT	DC4	$	4	D	T	d	t			、	エ	ト	ヤ		
5	ENQ	NAK	%	5	E	U	e	u			・	オ	ナ	ユ		
6	ACK	SYN	&	6	F	V	f	v			ヲ	カ	ニ	ヨ		
7	BEL	ETB	'	7	G	W	g	w	(なし)		ァ	キ	ヌ	ラ	(なし)	
8	BS	CAN	(	8	H	X	h	x			ィ	ク	ネ	リ		
9	HT	EM	)	9	I	Y	i	y			ゥ	ケ	ノ	ル		
A	LF	SUM	*	:	J	Z	j	z			ェ	コ	ハ	レ		
B	VT	ESC	+	;	K	[	k	{			ォ	サ	ヒ	ロ		
C	FF	FS	,	<	L	\	l	¦			ャ	シ	フ	ワ		
D	CR	GS	-	=	M	]	m	}			ュ	ス	ヘ	ン		
E	SO	RS	.	>	N	^	n	~			ョ	セ	ホ	゜		
F	SI	US	/	?	O	_	o	DEL			ッ	ソ	マ	゜		

　日本語をコンピュータで取り扱う場合、その文字種の多さが障壁となります。黎明期のコンピュータでは英語のみ利用でき日本語が利用できないものも多数ありました。そのため、1978年に日本工業規格（JIS）において利用頻度などに基づいて取捨選択した6349種類の記号、ひらがな、カタカナ、漢字（第1水準漢字、第2水準漢字）に対して、2バイトの文字コードを割り振りました（JIS X 0208）。

　国際的なコンピュータの普及とともに、過去に使われていた言語や世界中で使わ

れている言語に対応する文字コード体系の必要性が高まり、ユニコード (Unicode) と呼ばれる文字コード体系が国際規格 (ISO/IEC 10646) として規定されました。2019年時点で13万7929種類の文字に対して文字コードが割り振られています。ユニコードでは「U+」と16進数で文字コードを表記します。

　ユニコードによる表記より少ない情報量で表せるように、1～4バイトで文字コードを表現する UTF-8 と呼ばれる文字コード体系が主要な OS で利用されています。UTF-8 による表記の場合、英数字は1バイト、ギリシャ文字やロシア文字などは2バイト、日本語で使うひらがなやカタカナ、漢字などは3バイト必要になります。このように、JIS X 0208 では日本語を2バイトで表現できていたものが3バイトになり、1.5倍の情報量が必要になっています。ユニコードと UTF-8 の対応を**表6**に示します。第1～4バイトに下線で示したビットで表現に必要なバイト数を判別できるようになっており、ユニコードのビットパターンを各バイトの一部に割り振る仕組みで文字コードを付与します。**表6**ではビットを示す色で対応させています。例えば、「情」という漢字の文字コードは、JIS、ユニコード、UTF-8 の順に16進数で表記すると、3E70、U+60C5、E68385 となります。

表6　ユニコードと UTF-8 の対応

ユニコード	ビットパターン	第1バイト	第2バイト	第3バイト	第4バイト
U+0000 〜 U+007F	0000 0000 0000 0000 〜 0000 0000 0111 1111	$\underline{0}$xxxxxxx			
U+0080 〜 U+07FF	0000 0000 1000 0000 〜 0000 0111 1111 1111	$\underline{110}$xxxxy	$\underline{10}$yyyyyy		
U+0800 〜 U+FFFF	0000 1000 0000 0000 〜 1111 1111 1111 1111	$\underline{1110}$xxxx	$\underline{10}$xyyyyy	10zzzzzz	
U+0100000 〜 U+1FFFFFF	0000 0001 0000 0000 0000 0000 〜 0001 1111 1111 1111 1111 1111	$\underline{11110}$xxx	$\underline{10}$xxyyyy	10zzzzzz	10uuuuuu

　次に、文字の形（字形）を表す情報（字形データ）について説明します。文字を並べて表記したときに自然に読めるようにそれぞれの文字の形を美しく揃えた字形の集合を「書体」または「フォント」と呼びます。日本語では、明朝体やゴシック体など、英語では、セリフ体やサンセリフ体などがよく利用されています。

　字形データは大別してビットマップ形式とアウトライン形式があります。**図6**に示すように、ビットマップ形式は点の集合で字形を表現し、アウトライン形式は字形を構成する点の座標とつながり方（直線や曲線など）で字形を表現します。アウトライン形式の字形は、所定の大きさに座標変換された後、ラスタースキャンと呼

ばれる方法でビットマップ形式に変換され表示されます。その際、よりバランスの
よい字形になるように、ヒントと呼ばれる情報も利用する場合があります。ビット
マップ形式では、本来のビットマップ以外の大きさで表現しようとすると劣化しま
すが、アウトライン形式の場合ほとんど劣化することはありません。限られた大き
さで速く美しく表示したいときはビットマップ形式を利用し、ある程度処理能力の
ある CPU を使っている状況でさまざまな大きさの文字を表示したいときはアウト
ライン形式を利用します。

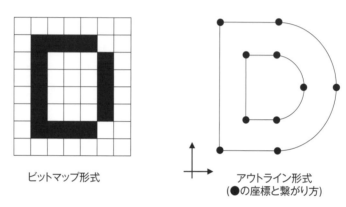

ビットマップ形式　　　　　アウトライン形式
（●の座標と繋がり方）

図6　字形データの表現方法

　ところで、キーボードに「半角／全角」というキーがあり、「半角の文字を直接
入力するモード」と「全角の文字を仮名漢字変換して入力するモード」を切り替え
るときに使います。字形を囲む枠が正方形の文字を全角と呼び、全角の横幅を半分
にした文字を半角と呼びます。半角は JIS X 0201 による 1 バイトで表現される文
字コード体系の記号や英数字に対応し、全角は JIS X 0208 や UTF-8 による文字
コード体系の記号やひらがな、カタカナ、漢字などに対応します。なお、文字を組
み合わせてプログラムを作成する場合、空白を示す文字や英数字は半角と全角で全
く異なる文字コードですから、両者の違いを明確に表示できるプログラミング環境
を使う必要があります。

2-3 処理手順の表現方法

　ある問題を解決するための処理を記述する場合、その問題を解決するための方法
や手順が必要になります。この方法や手順のことをアルゴリズムと呼びます。アル
ゴリズムの例として、規則に基づく並べ替えや連立方程式を解く手順、最大公約数
を求めるユークリッドの互除法などがあります。アルゴリズムを表現する方法とし
て文書や数式を用いることもできますが、順次や条件判断、反復処理、入力・出力

などの手順が明確で判読しやすい点から流れ図（フローチャート）と呼ばれる図を利用します。流れ図を表現する各種記号は日本工業規格で JIS X 0121 として標準化されています。**表7**によく利用される流れ図記号の一部を示します。

表7　流れ図記号（抜粋）（JIS X 0121）

記号	名称	内容	記号	名称	内容
	データ	媒体の指定をしないデータを示します。		結合子	同じ流れ図中で、中断した線の結合をするために使います。
	書類	人が読むことのできる媒体上のデータを表します。		端子	外部環境への出入り口を示し、処理の開始や終了などを表します。
	手操作入力	手で操作して情報を入力するデータを表します。		準備	その後の処理に必要な準備を表します。
	表示	人が利用する情報を表示する媒体上のデータを表します。		判断	条件の評価に従って処理を分岐します。
	処理	任意の種類の処理機能を表します。		ループ始端	反復（ループ）処理の始まりと終わりを表します。
	定義済み処理	演算や命令などで定義された処理を表します。		ループ終端	

図7に順次、条件判断、反復の各基本処理構造を流れ図で表記した図を示します。

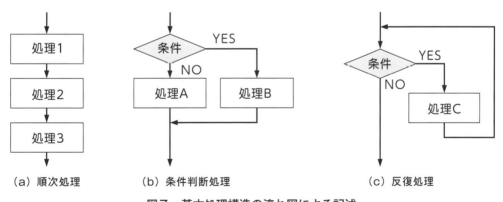

（a）順次処理　　　（b）条件判断処理　　　（c）反復処理

図7　基本処理構造の流れ図による記述

　図8にお釣りを渡すときに最小枚数の硬貨で渡すための処理の流れ図例を示します。同図（a）は順次のみで処理する流れ図を示しています。まず、お釣りの金額を入力装置（キーボードなど）から入力し、その値を y に入れます。金額の大きな

硬貨から順に必要な枚数を計算していきます。500円硬貨の枚数は、y を 500 で割った値の小数部を切り捨てた値 n となります。「500円玉の枚数」と n の値を表示装置（ディスプレイなど）に出力します。この時点でお釣りの残金は、y を 500で割った余りとなりますから、その値を改めて y に入れます。以下、100円、50円、10円、5円硬貨の順に同様の処理を行います。1円硬貨の枚数は最後の残金に対応します。

　図8（a）に示した処理では硬貨の種類が変化すると処理手順も変更しなければなりません。そのため、同図（b）に示すように、硬貨の種類を配列という変数の集まりに入れておき、反復処理を使って同様の処理をまとめることができます。

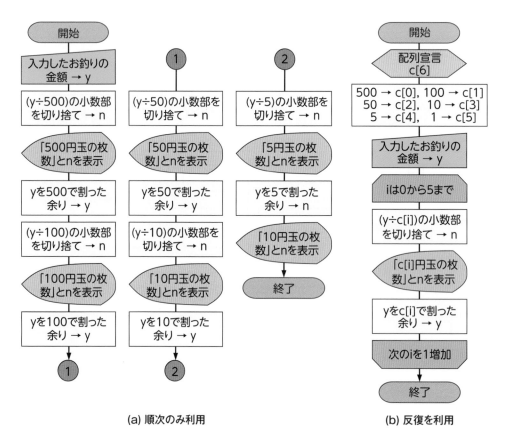

(a) 順次のみ利用　　　　　　　　　　　　　　　　**(b) 反復を利用**

図8　硬貨で渡すお釣り計算の流れ図

　アルゴリズムや処理の手順を流れ図で適切に表現すると可読性は高くなりますが、記号間をつなぐ線が交差したり、上から下に向かう方向以外の流れを多数含んでいたりすると、表現内容を理解できなくなるという問題もあります。さらに、流れ図では、並列処理や例外処理、状態遷移、オブジェクト指向、メッセージ処理などの表記が煩雑になり不明確であるという課題も指摘されています。

　このような流れ図の問題を踏まえて、オブジェクト指向の分析や設計においてシステムをモデル化するための図法として、国際標準化機構（ISO）が標準化した言語 UML（Unified Modeling Language、統一モデリング言語）があります（ISO/IEC 19505-1 など）。流れ図に相当するものとして、動的構造を表現する「振る舞い図」の一つである「アクティビティ図」が規定されています。アクティビティ図は連続する「実行」の遷移を表現する図であり、ある事象の開始から終了までの機能を実行される順序に従って記述します。前述した流れ図で簡潔に表現できない処理を明確に記述できる点が特長です。

　図9に、順次、条件判断、反復の各基本処理構造をアクティビティ図で表記した図を示します。

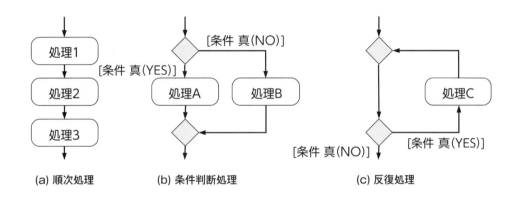

(a) 順次処理　　　(b) 条件判断処理　　　(c) 反復処理

図9　基本処理構造のアクティビティ図による記述例

2-4 プログラミング言語

　言語の役割を「コミュニケーションのための道具」として捉えると、自然言語と人工言語に大別されます。自然言語は人間同士のコミュニケーションのための道具として用いられるもので、日本語や、英語、ドイツ語など多くの種類があります。一方、人工言語は人間とコンピュータのコミュニケーションのための道具であり、プログラミング言語またはプログラム言語と呼ばれています。このように、プログラミング言語は人間とコンピュータ間の情報伝達の道具ですから、コンピュータに処理を依頼するときに用います。依頼する処理の内容は主に文書によってコンピュータに伝えられます。このときの文書のことをプログラムと呼びます。アルゴリズムの考案からプログラミング言語による記述、プログラムの動作確認と間違い修正（デバッグ）の作業全体をプログラミングといいます。
　プログラミング言語によって記述されたプログラムは、その言語に対応した言語

処理系によって実行されます。言語処理系は、翻訳系（コンパイラ）と解釈実行系（インタープリタ）に大別されます。コンパイラは与えられたプログラムを一括してコンピュータが実行可能な形式である機械語に変換します。インタープリタは、与えられたプログラムを他の形式に変換することなく順番に実行します。変換された機械語は CPU で直接実行されるため、コンパイラはインタープリタより高速に処理できます。なお、インタープリタの処理の一部にコンパイラを組み込んだ「実行時コンパイラ（Just-In-Time Compiler、JIT コンパイラ）」と呼ばれる方法が導入されるようになり、インタープリタであっても高速に処理が実行できるように大幅に改善されています。

　図 10 に、これまで考案されてきた主なプログラミング言語の略歴を示します。この図に示すようにプログラミング言語の普及には数十年単位の時間がかかります。プログラムは人間が作成しますから、ハードウェアの進歩速度に比較するとかなり遅いことがその要因の一つです。また、効率的で信頼性の高いプログラムを集めたライブラリの開発にも時間を要しています。

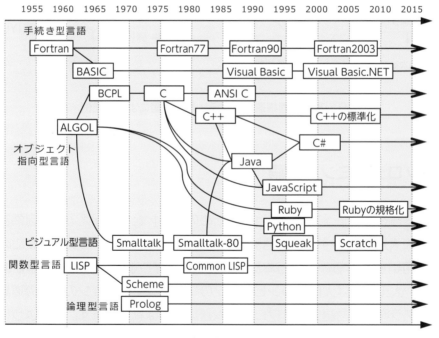

図 10　主なプログラミング言語の略歴

　プログラムで記述された処理内容を人間が理解しやすいか否かでプログラミング言語を分類する場合、理解しやすいものを高水準言語と呼び、そうでないものを低水準言語と呼びます。高水準言語で記述されたプログラムは、数学的な表現に類似していることが多く、例えば、FORTRAN、C++、Java、Python などがあります。

一方、低水準言語は、CPU が直接実行できる機械語や機械語の各命令内容に対応した名称をつけたアセンブリ言語などがあります。通常、高水準言語を使ってプログラミングしますが、機器に組み込まれる小型 CPU のように記憶装置の大きさに制約があるときなどにアセンブリ言語を利用することもあります。

　プログラミング言語は、用途によって手続き型、オブジェクト指向型、ビジュアル型、関数型、論理型などのさまざまな種類が開発されてきました。手続き型は、処理を示す手順に従ってプログラムを記述する方法で、プログラミング言語の黎明期から開発され、現在でも利用されています。プログラムの処理内容や関係性を明確化し生産性と保守性を高める目的で、状態や処理内容をひとまとまりにしたオブジェクトを中心としてプログラムを記述する方法が開発されました。ウィンドウやアイコンを介して操作するグラフィカルユーザインターフェイス（GUI）に対応するプログラムは、オブジェクト指向型と親和性が高いという特徴があります。その他、文字列や規則を取り扱いやすいように開発された関数型や論理型などもあります。

　文字のみを組み合わせてプログラムを記述するテキスト型プログラミング言語が一般的ですが、教育用や制御システム用などの特別な用途では、直感的なプログラム作成やプログラムの記述上の誤りを減少させることなどを目的としてアイコンや矢印などの視覚的なオブジェクトを組み合わせて表現するビジュアル型プログラミング言語が多用されています。テキスト型プログラミング言語の場合、流れ図からプログラムを構成する文字や記号に置き換えてプログラムを作成します。この置き換えについてはやや難易度が高く、また置き換え時にタイプミスするなど間違いを引き起こしやすくする問題もあります。ビジュアル型プログラミング言語の場合、流れ図に類似した表現となるため、単純なアルゴリズムであれば非常に可読性が高いという特長があります。一方、複雑なアルゴリズムに基づくプログラムを作成しようとすると、オブジェクトが面的に広がっていき全体を見通しにくくなるという短所もあります。

　次に、学校教育において利用するプログラミング言語の選定上の留意点について説明します。限られた授業時間内でプログラミング教育を行うことから、容易にプログラムを作成でき、その内容が一目でわかることに加え、記述上の誤りを起こさないような仕組みをもつとともに、論理的な誤りを修正するデバッグに注力できるような環境が求められます。国際化が著しい現代において、日本国内のみで利用されているプログラミング言語の利用については控えるべきと考えられます。日本語で表記できるプログラミング言語は、児童・生徒にとってプログラムの作成が容易であり、記述内容を判読しやすい側面はありますが、そのプログラミング言語が多言語に対応し、国際的に利用されていることも重要です。さらに、プログラミング

言語の仕様が国際標準化機構（ISO）や日本工業規格（JIS）で標準化されていることも考慮すべきです。

　小学校段階における論理的思考力や創造性、問題解決能力等の育成とプログラミング教育に関する有識者会議の「小学校段階におけるプログラミング教育の在り方について（議論の取りまとめ）」（2016年6月16日）によれば、小学校におけるプログラミング教育の目標は、「身近な生活でコンピュータが活用されていることや、問題の解決には必要な手順があることに気付くこと」とされ、中学校プログラミング教育の目標は、「社会におけるコンピュータの役割や影響を理解するとともに、簡単なプログラムを作成できるようにすること」、さらに、高等学校プログラミング教育の目標は、「コンピュータの働きを科学的に理解するとともに、実際の問題解決にコンピュータを活用できるようにすること」とされています。これらの目標を達成できるようにそれぞれの学校種に応じた学習内容に適するプログラミング言語を選定する必要があります。

　まず、小学校におけるプログラミング教育では、「自分が意図する一連の活動を実現するために、どのような動きの組合わせが必要であり、一つ一つの動きに対応した記号を、どのように組み合わせたらいいのか、記号の組合わせをどのように改善していけば、より意図した活動に近づくのか、といったことを論理的に考えていく力」と定義されているプログラミング的思考の育成が中心となります。

　小学校におけるプログラミング言語の選定では、認知能力、論理的思考力、抽象的思考力などに関わる思考発達段階や、数字・ひらがな・カタカナ・漢字・英字な

（a）プログラム例　　　　　　　　　　　　（b）実行結果例

図11　Scratchによる硬貨で渡すお釣り計算プログラム

どの文字利用の習熟度、キーボード・マウス・タッチパネルなどの情報機器の操作技能の習得度に加えて、基礎的な概念の習得や全体構成の理解、創作力などに配慮するとともに、発達段階と既習事項についても十分考慮する必要があります。以上の視点から、小学校ではビジュアル型プログラミング言語を用いることが望ましいと考えられます。具体的には、国際的に多用され無償提供されている Scratch [2-3] またはそれに類似するものなどが挙げられます。**図 11** に、**図 8（a）**の流れ図に従って最小枚数の硬貨でお釣りを渡す計算をするプログラムを Scratch で記述した例を示します。

　中学校におけるプログラミング教育は、技術・家庭科（技術分野）における情報に関する学習内容で行われます。問題を発見し、課題を設定し、その課題を解決するための手段の一つとしてプログラミングが取り上げられています。技術・家庭科（技術分野）で規定された学習内容に適するプログラミング言語の選定では、小学校におけるプログラミング教育の成果を踏まえるとともに、高等学校におけるプログラミング教育へのつながりへも配慮する必要があります。すなわち、ビジュアル型プログラミング言語からテキスト型プログラミング言語に円滑にシフトできるプログラミング教育が求められます。例えば、計測・制御システムを用いた課題解決に必要な機能はビジュアル型プログラミング言語で実現し、情報メディアによる課題解決に必要な機能はテキスト型プログラミング言語で実現することが考えられます。

　高等学校におけるプログラミング教育は、情報科の学習内容に含まれます。情報の科学的な理解に重点が置かれ、事象をモデル化して問題を発見したり、シミュレーションを通してモデルを評価したりするなどの学習においてプログラミングを行います。並び替えや探索などのアルゴリズムの学習や、変数を多く取り扱うシミュレーション学習においてプログラミングすることを想定すると、ビジュアル型プログラミング言語では平面的に処理内容が広がり見通しが悪くなることや、変数を利用するための記述が煩雑になることなどが懸念されます。そのため、記述上の誤りが増える可能性が高まり、ややデバッグに手間はかかりますが、高等学校を卒業してからの専門職へのつながりを重視し、テキスト型プログラミング言語を利用することが望ましいと考えられます。具体的なテキスト型プログラミング言語として、C 言語、Python、JavaScript などが挙げられます。**図 12** と**図 13** に、**図 8（a）**と（b）に示した流れ図に従って C 言語と Python で記述したお釣り計算プログラム例をそれぞれ示します。**両図（a）**は大きな金額の硬貨から順次処理によって順番に枚数を求める方法で、**（b）**は硬貨の種類を配列またはリストに入れておき反復処理で各硬貨の最小枚数を求める方法です。この例のみならず、一般的に C 言語より Python で記述した方がプログラムが簡潔になる傾向があります。

```
#include <stdio.h>
int main（void）{
    int y;
    printf（" お釣り ="）;
    scanf（"%d", &y）;
    printf（"500 円玉 : %d 枚 \n", y / 500）;
    y %= 500;
    printf（"100 円玉 : %d 枚 \n", y / 100）;
    y %= 100;
    printf（"50 円玉 : %d 枚 \n", y / 50）;
    y %= 50;
    printf（"10 円玉 : %d 枚 \n", y / 10）;
    y %= 10;
    printf（"5 円玉 : %d 枚 \n", y / 5）;
    y %= 5;
    printf（"1 円玉 : %d 枚 \n", y）;
}
```

（a）順次のみ利用

```
#include <stdio.h>
int main（void）{
    int y;
    int coin[ ] = {500, 100, 50, 10, 5, 1};
    printf（" お釣り ="）;
    scanf（"%d", &y）;
    for (int i = 0; i < 6; i ++) {
        printf（"%d 円玉 : %d 枚 \n",
            coin[i], y / coin[i]）;
        y %= coin[i];
    }
}
```

（b）配列と反復を利用

図 12　C言語による硬貨で渡すお釣り計算プログラム

```
y = int（input（" お釣り ="））
print（"500 円玉 :", y // 500, " 枚 "）
y %= 500
print（"100 円玉 :", y // 100, " 枚 "）
y %= 100
print（"50 円玉 :", y // 50, " 枚 "）
y %= 50
print（"10 円玉 :", y // 10, " 枚 "）
y %= 10
print（"5 円玉 :", y // 5, " 枚 "）
y %= 5
print（"1 円玉 :", y, " 枚 "）
```

（a）順次のみ利用

```
y = int（input（" お釣り ="））
for coin in [500, 100, 50, 10, 5, 1]:
    print（coin, " 円玉 :", y // coin, " 枚 "）
    y %= coin
```

（b）配列と反復を利用

図 13　Python による硬貨で渡すお釣り計算プログラム

2-5 人工知能

　人工知能（AI:Artificial Intelligence）は本当の知能を備えた機械のことを意味し「強い人工知能」とも呼ばれていますが、このような機械を作る研究や開発は現在ほとんど行われていません。その代わり「弱い人工知能」と呼ばれる「知能をあたかも備えているかのごとく見える機械」の研究や開発は盛んに行われています。以下「弱い人工知能」を「人工知能」と記述します。

　図 14 に人工知能の技術の枠組みを示します。人工知能の基盤技術は、機械学習と推論のアルゴリズムです。機械学習は「情報から将来使えそうな知識を見つける

こと」を示し、推論は「知識をもとに、新しい結論を得ること」を意味します [2-4]。実際には両者を組み合わせて用いられることが多く、例えば、音声で応答する機械であれば、まず、さまざまな人の音声を収集し、音声とその内容との対応を「将来使えそうな知識」として学習します。新たに入力された音声に対応する内容は、機械学習で得られた知識を踏まえた推論によって「新たな結果」として導かれます。

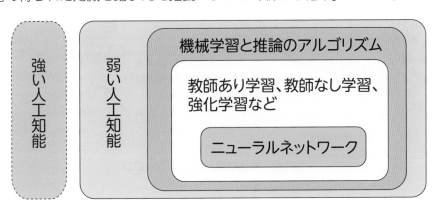

図 14　人工知能に関する技術の枠組み

　このように人工知能は、データの並べ替えや連立方程式の解法などのように処理手順があらかじめアルゴリズムとして明確に記述できるものと異なり、機械学習や推論のアルゴリズムによって処理内容を適切に変更できることが特徴になっています。そのため、最初から適切な処理手順を記述することの難しい音声認識や画像認識、自然言語理解（翻訳、要約など）、感性処理、最適化問題などの処理に対して人工知能は適しています。

　機械学習のアルゴリズムには、教師あり学習、教師なし学習、強化学習などの種類があります。教師あり学習では、入力するデータと期待される出力データ（教師データ）の組からなる集合を使って、求められる結果に近づくように内部状態を修正していきます。教師なし学習では、入力されたデータの集合のみを使って、情報の要約やグループ分けなどに適用できるように内部状態を修正していきます。強化学習では、入力するデータの個々に対する教師データはありませんが、最終的な結果に対する評価が与えられ、それに応じて内部状態を修正していきます。

　さて、人間の知的活動は膨大な数の神経細胞が複雑につながって構成されている脳によって行われています。生物学の研究成果から神経細胞のつながり方とその度合い（結合荷重）によってさまざまな知的活動を行っていることが推測されています。そこで、人工知能の実現方法の一つとして、神経細胞を人工ニューロン（**図15**）としてモデル化し、神経細胞同士のつながり方を模擬して人工ニューロンを組み合わせて構成したさまざまな形態のニューラルネットワークが提案されました。その中でも教師あり学習に適している階層型ニューラルネットワークを**図16**

に示します [2-5]。このニューラルネットワークは、入力層、隠れ層、出力層から構成され、入力層のニューロンに提示されたデータは、結合荷重をかけられて隠れ層、出力層へと伝えられ、出力されます。

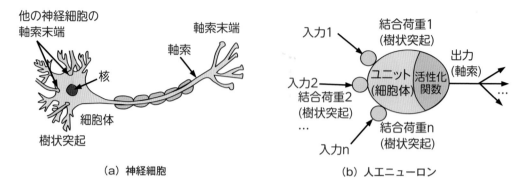

（a）神経細胞　　　　　　　　　（b）人工ニューロン

図 15　神経細胞と人工ニューロン

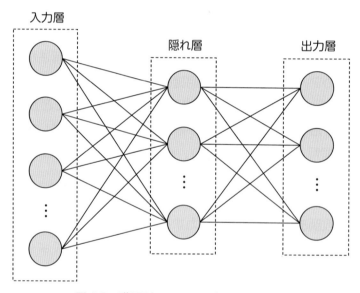

図 16　階層型ニューラルネットワーク

　人間が行っている知的活動の結果に近づくようにソフトウェアやハードウェアで構成されたニューラルネットワークは、機械学習のアルゴリズムを用いて人工ニューロンの結合荷重を調整します。適切に学習したニューラルネットワークを用いることで、未知の入力に対しても適切な応答が期待できるという点に特長があります。

　しかし、人工知能研究の黎明期に提案された小規模なニューラルネットワークとその学習アルゴリズムでは、人間の認識能力を超えるような性能を示せませんでした。実用的な性能を備える画像認識や音声認識を行うためには、より大規模な

ニューラルネットワークを用いることで認識性能を高める必要がありました。その
ため、畳み込み層、プーリング層と呼ばれる隠れ層を複数備えた階層型ニューラル
ネットワークに対して教師あり学習を行う深層学習（ディープラーニングと呼ばれ
ます）アルゴリズムが 2006 年に開発され、人間を凌駕する認識結果を示すなど
期待されています [2-6]。

引用・参考文献

[2-1] IEEE Computer Society, IEEE Standard for Floating-Point Arithmetic, IEEE, doi:10.1109/
IEEESTD.2008.4610935, IEEE Std 754-2008 (2008)

[2-2] 諸橋轍次，鎌田正，米山寅太郎：大漢和辞典，大修館書店 (2000)

[2-3] Scratch Foundation, https://www.scratchfoundation.org/（最終閲覧日：2020 年 6 月 26 日）
　　　※ Scratch は、MIT メディア・ラボのライフロング・キンダーガーデン・グループの協力により、Scratch 財団が
　　　　進めているプロジェクトです。詳しくは http://scratch.mit.edu をご参照ください。

[2-4] 一般社団法人人工知能学会，https://www.ai-gakkai.or.jp/（最終閲覧日：2020 年 6 月 26 日）

[2-5] F. Rosenblatt: The Perceptron: A Probabilistic Model for Information Storage and Organization in the
Brain, Psychological Review 65 (6) , pp.386-408 (1958)

[2-6] G. E. Hinton,S. Osindero, and Y. Teh: A fast learning algorithm for deep belief nets, Neural Computation,
18, pp.1527-1554 (2006)

プログラミング教育に必要な知識：インターネット

キーワード ☑ IP アドレス ☑ ルーティング ☑ 情報セキュリティ

　本章では、インターネットの仕組みやインターネットを安全に使うために注意すべき点について紹介します。コンピュータは、単独で利用するよりも、ネットワークを介してデータをやりとりすることで、さまざまな応用が可能になります。ネットワークを活用したプログラミングを行うためにも基礎となる知識を説明します。

3-1 インターネットとネットワークの仕組み

　インターネットは、その起源とも言われる ARPANET が 1969 年に誕生して以来約 50 年の歴史があり、今や世界中の端末を結ぶ巨大なネットワークに成長しています。皆さんも天気予報やニュースといった情報を受け取ったり、メッセージを送ったり、日々何らかの形で利用していることと思います。インターネット（Internet）という名前は、英語で「相互の」や「…の間」といった意味のある接頭辞 inter と network の合成語で、いくつものネットワークを相互に接続して、より大きなネットワークを構築できることを表しています [3-1]。

　インターネットを通じてデータをやりとりするときには、通信データを一定サイズ以下のパケットと呼ばれる固まりに分割します。分割されたパケットは小包のようにそれぞれに宛先・発信元の情報が記され、相手のところへ運ばれていきます。このような通信ネットワークを「パケット交換網」と呼びます。本節ではインターネットの基本的な仕組みについて説明します。

（1）IP アドレス

　皆さんは、特定の相手にメッセージを送りたいときに、どうやって相手を指定しているでしょうか。手紙では住所と氏名、携帯電話では電話番号を使って相手を特定しているかと思います。「住所と氏名」や「電話番号」には相手を識別する「識別子」としての役割があります。識別子にはどのような特徴が必要でしょうか。相手を特定するためには、識別子はユニークで、必ず特定の誰かを示すものである必要があります。また、同じ識別子が複数の誰かを示すことは避ける必要があります。もし、複数の人の携帯電話に同じ電話番号が割り振られていたら、どうなるでしょうか。正しい電話番号にかけているのに、目的の相手とは異なる人につながってし

まう恐れがあります。そうなると、ちゃんと話したい相手につながるかどうかわからず、困ってしまいますよね。

　インターネットでは通信の相手を指定する識別子として「IP アドレス」が用いられます。IP は Internet Protocol を略したもので、インターネットに接続して相互通信を実現するために守らなければならない約束事（プロトコル）を表しています。今のインターネットで用いられているプロトコルには「IPv4」と「IPv6」の 2 種類があります。IPv4 は 1981 年に元となる仕様が公開され、IPv6 は 1995 年に最初の仕様が公開されました。IPv4 と IPv6 はそれぞれ異なるプロトコルで、識別子である IP アドレスは IPv4 の場合 32 ビット、IPv6 の場合は 128 ビットの値を使って相手を区別します。インターネットの通信では、この IP アドレスで指定される相手に情報を送って通信を行っています。

　IPv4 のアドレスは 32 ビットであると説明しましたが、32 ビットでは 2^{32}、つまり約 43 億通りの識別子を利用できます。実際には、約 43 億通り全てのアドレスが使えるわけではなく、特別な用途に予約されており識別子として使えないアドレスもあります。これだけあれば識別子として十分な気もしますね。しかし、世界中で多くの人がインターネットに接続できる情報端末を持つようになったらどうでしょうか。世界の人口は 2011 年には 70 億人に到達したとの報告もあり、32 ビットでは一人に 1 つの IP アドレスを割り当てるだけでも数が不足します。そこで、IPv6 は 128 ビットという膨大なアドレスを識別子として利用できるように設計されました。128 ビット、つまり 2^{128} は巨大な数（世界中の海岸の砂粒が 10^{23} 個と言われており、さらにその 3,400 兆倍に相当）なので、世界中の端末やセンサなどに IP アドレスを割り当てても十分余裕があります。すでに IPv4 では新規に割り当てられるアドレスが枯渇しており、徐々に IPv6 への移行が進んでいます。今のインターネットでは IPv4 と IPv6 が併存しています。本テキストでは IPv4 を中心に説明します。

　IPv4 ではアドレスを「192.0.2.10」などのように表記します。IPv4 の表記方法はまず 32 ビットを 8 ビット単位で 4 つに区切ります。そして、それぞれの 8 ビットを 10 進数で表現したものを "." で区切っています。通信分野では 8 ビットの固まりをオクテットと呼ぶので、IPv4 のアドレスは 4 オクテットで構成されているとも言えます。2^{32}、つまり 32 桁の 2 進数を人間が扱うのは大変ですが、オクテット単位で 10 進数表現にすることで、人間でも扱いやすくなります。

　一方、IPv6 の場合は 128 ビットのアドレスです。128 ビットには 8 ビットの固まりが 16 個ありますので、16 オクテットで構成されているといえます。16 オクテットで構成されている IPv6 を IPv4 と同じく 10 進数で表現すると表記が長くなるため、IPv6 では 16 ビットごとに ":" で区切り、16 進数で表記することになっています。

さらに人間でも扱いやすくなるように表記を短くするためのルールとして、16 ビットで区切った部分（フィールド）の中で、「先頭が 0 なら 0 を省略する」、「連続するフィールドが全て 0 なら、0 を省略して "::" と表記する」などが設けられています。これらのルールに従い、IPv6 のアドレスは「2001:db8::abcd:ef01」などと表記されます。なお、IP アドレスはインターネットに接続されている端末全てに割り当てが行われています。Windows であればコマンドプロンプトを開いて "ipconfig" コマンドを実行することで割り当てられた IP アドレスを確認することができます。

（2）ネットマスク

　IP アドレスは、接続しているネットワークを表す「ネットワークアドレス」部分と、そのネットワーク内での端末を区別するための「ホストアドレス」部分の 2 つの部分に分かれています。固定電話の番号では「0 - 市外局番 - 市内局番 - 加入者番号」という構造になっているのと同様に、IP アドレスは「ネットワークアドレス＋ホストアドレス」という構造になっています。なぜこのように 2 つの部分で構成されているのでしょうか。

　実は、IP ネットワークでは、通信の相手が同じネットワークに属する端末ならば、自分が相手に直接データを届けるよう動作しますが、相手が異なるネットワークに属した端末であれば、ルータやゲートウェイと呼ばれる中継装置へデータの中継を依頼しているためです。相手の IP アドレスのネットワークアドレスを見て、自身と同じネットワークに属しているのか、異なるネットワークに属しているのかを判断しています。それでは、どこにネットワークアドレスとホストアドレスの区切りがあるのでしょうか。電話番号であれば、"-" や "()" で番号の区切りを示していますが、IP アドレスではネットマスクという値を用いて、どこで区切るのかを示します。先ほどの "ipconfig" コマンドでもネットマスクの値が表示されています。Windows の "ipconfig" で確認すると、IPv4 アドレスの下にネットマスクの値が表示されています。ネットワークアドレスは、IP アドレスとネットマスクの論理積（AND：&）で求められます。残りの部分、つまり IP アドレスとネットワークアドレスの排他的論理和（XOR）の結果がホストアドレスになります。

　例えば、IP アドレス :192.0.2.10、ネットマスク :255.255.255.0 の場合は、以下のような演算を行うことで、ネットワークアドレスの 192.0.2.0 を得られます。

10 進数による計算

```
  192.  0.  2. 10   IP アドレス
& 255.255.255.  0   ネットマスク
  ─────────────────
  192.  0.  2.  0   ネットワークアドレス
```

2進数による計算

```
  11000000.00000000.00000010.00001010   IPアドレス（192.0.2.10）
& 11111111.11111111.11111111.00000000   ネットマスク
  11000000.00000000.00000010.00000000   ネットワークアドレス
```

　ここでネットマスクの2進数表現に注目してみると、上位（左側）から"1"が連続して24個並んでいます。これは上位から何ビットまでがネットワークアドレスを表わしているのかを示しています。この例では24ビット並んでいます。上記のようにIPアドレスとネットマスクをそれぞれ表記しますが、IPアドレスとネットマスクを合わせて192.0.2.10/24というように表記する場合もあります。

　ネットマスクが大きくなると、ホストアドレスとして使用できるビット数が小さくなり、そのネットワークに収容できるホスト数が減ってしまいます（**表1**）。ホストアドレスは、全て"0"の場合はそのネットワークを示すためのアドレス、全て"1"の場合はそのネットワーク全体へのブロードキャスト（全ての端末への一斉同報通信）を示すためのアドレスとして予約されており、ホストへ割り当てることができません。

表1　ネットマスクと収容可能端末数

ネットマスクのビット長	収容可能端末数
16	65534 (2^{16}-2)
24	254 (2^8-2)
28	14 (2^4-2)

（3）階層モデル

　ネットワークは階層で構成されています。ネットワークの階層に関する説明でよく紹介されているのは「OSI 7階層モデル」です。このように階層モデルを取り入れることで、層ごとの独立性が高まり、他の層からの影響を受けずに済みます。

　こう書くと難しそうですが、普段の生活でも日常的に階層モデルを経験しており、その恩恵を受けています。例えば、コーヒーショップに寄ってコーヒーを頼むとしましょう。あなたは店員さんに注文し、お金を支払えばコーヒーが提供されます。あなたは注文の仕方だけ知っていれば、どのようにコーヒーを淹れるかまでは知らなくても、あなたの目的、つまりコーヒーを飲むことを達成することができます。これは、「注文」というインターフェイスによって、「注文する」役割をもつお客さんの層と、「（受けた注文に応じて）サービスを提供する」役割をもつお店の層が独立しているからです。このように、実世界も、その専門性などによって独立性が保たれており、サービスを要求すれば提供されるという関係で成り立っています。ネットワークの世界も同じで、それぞれの階層では役割が決まっており、層をまたぐ際には決められたインターフェイスを通じて必要な情報を交換しますが、そ

の情報をどう使って作業するかは、下位の層に任されています。

　それでは、ネットワークがこのような階層モデルを採用していなければ、どうなってしまうのでしょうか。例えば、あなたが有線 LAN で使っているアプリを Wi-Fi でも使いたいとします。同じアプリでも有線 LAN と Wi-Fi ではネットワークの種類が違いますので、有線 LAN、Wi-Fi のそれぞれに合わせた設定が必要となります。そのため、ネットワークの種類に合わせた設定をした別のアプリを用意しなければならなくなるといった面倒なことが起こってしまいます。先ほどのコーヒーショップの例で言えば、あなたがお店でコーヒーを飲むためには、お店に置いてあるコーヒーメーカの操作方法やキッチンの使い方などを知っておき、自らの手でコーヒーを淹れる必要がある、というような状況です。全てのことをセルフでやる場合、複雑なことは困難で、単純なことしかできないでしょうから、お店のように、短時間で本格的なコーヒーを淹れることは難しいと考えられます。実際には、このような事態を回避するために、階層モデルにより、下位の層の違いを上位の層では意識することなく利用できるようになっています。

　表2に OSI 7 階層モデルを示します。OSI 7 階層モデルでは 7 層に分割されたモデルが提案されていますが、インターネットで利用されている TCP/IP では、より簡素化された 4 階層のモデルを採用しています [3-2] 。

表2　OSI 7 階層モデル

OSI 7 階層モデル		TCP/IP	役割
第 7 層	アプリケーション層	アプリケーション層 (HTTP、HTTPS、SMTP)	アプリケーション間の データ交換
第 6 層	プレゼンテーション層		
第 5 層	セッション層		
第 4 層	トランスポート層	トランスポート層 (TCP、UDP)	通信の信頼性、ポート番号
第 3 層	ネットワーク層	インターネット層 (IP)	異なるネットワーク間の 通信、ルーティング
第 2 層	データリンク層	リンク層 (Ethernet、Wi-Fi)	同じネットワーク内部での 通信
第 1 層	物理層		

（4）リンク層

　リンク層は端末が物理的に接続されたネットワークを示しています。同一のリンク層を共有する端末間では通信ができますが、複数のリンク層をまたいで転送するような通信はサポートされていません。リンク層で通信できる範囲を「セグメント」とも呼びます。

　有線 LAN に関しては、リンク層として Ethernet が広く普及し、利用されています。Ethernet では接続される機器のネットワークインターフェイスごとに固有

の「MAC アドレス：Media Access Control アドレス（48 ビット）」をもっており、この MAC アドレスを用いて宛先や送信元を区別して通信を行います。通信時には**表3**に示す Ethernet フレームによりデータが送信されます。

表3　Ethernet フレーム

宛先 MAC アドレス	送信元 MAC アドレス	長さ / タイプ	データ	チェックサム （FCS）
6 バイト	6 バイト	2 バイト	可変長（46 〜 1500）	4 バイト

（5）ARP

　IP ネットワークでは、通信の宛先は IP アドレスで示されます。ところが実際に通信を行うリンク層では IP アドレスは利用できずに、別のアドレスを使って通信を行っています。前述したように有線 LAN（Ethernet）では、ネットワークインターフェイスに出荷時に割り当てられた MAC アドレスを用いて通信を行っています。そのため、上位の層で利用している IP アドレスを MAC アドレスに変換する必要があります。この変換を行うのが「ARP」と呼ばれる手法です。

　上位の層から IP アドレスを渡されても、リンク層ではその IP アドレスがどの MAC アドレスなのかわかりません。ARP は、ネットワーク全体に向けて通信する「ブロードキャスト」という方法を使って、通信したい IP アドレスを明示して、「この IP アドレスを使っている端末がいたら MAC アドレスを返してください」という要求を出します。同じネットワーク上に、目的の IP アドレスを使っている端末がいれば、無事に MAC アドレスが返答されるので、リンク層での通信に必要な相手の MAC アドレスを知ることができます。ARP によって求めた IP アドレスと MAC アドレスの対応は OS によって一時保存され、「ARP テーブル」というテーブルに一覧が作成されます。一定時間が過ぎるとテーブルからエントリ（情報）が削除されます。

　図1に、ネットワークプロトコルアナライザの Wireshark [3-3] の Flow Graph 機能を用いて ARP の処理を可視化したものを示します。端末 B（IP アドレス xxx.xxx.xxx.198）の MAC アドレスを知りたい端末 A が "Who has xxx.xxx.xxx.198.　Tell MAC（端末 A）" とネットワーク全体にブロードキャストしています。ブロードキャストで ARP を受け取った端末 B は "xxx.xxx.xxx.198 is at MAC（端末 B）" を端末 A へ返している様子がわかります。

図1　Wireshark による ARP の処理

（6）ルーティング

　リンク層で同じネットワークに接続されている端末同士は、前述の ARP を用いて直接相手の端末へデータを送信することができますが、異なるネットワーク宛の通信はどうすればよいでしょうか。リンク層だけでは解決できないため、上位層であるネットワーク層の情報を利用し、複数のネットワークをバケツリレー式に相手のネットワークまで辿っていくことで、異なるネットワーク間でも通信できるようになっています。Windows であればコマンドプロンプトで "tracert ホスト名"を実行してみましょう。ホスト名で示される端末までどのような経路でデータが送られていくのか、相手の端末に届くまでに中継されたルータの情報が表示されます。

　端末は「ルーティングテーブル」という宛先に応じて、どのルータ（ゲートウェイ）に中継を依頼すればよいのかを記載した表を持っています。この表を確認して送り先に応じたルータへ、パケットを転送します。全ての宛先を表に列挙するのは大変なので、「デフォルトルート」という特別な宛先を設定することが可能です。デフォルトルートは該当する宛先がわからない場合はとりあえずここへ送るという役割を担います。Windows 端末では、コマンドプロンプトで "netstat -r" を実行すればルーティングテーブルを確認できます（**図2**）。

図2 コマンドプロンプトによるルーティングテーブルの確認

　相手の IP アドレスとルーティングテーブル内のネットマスクで論理積を取り、結果がネットワーク宛先と一致すれば、経路の候補となります。候補が一つだけであればその経路が選択されます。複数の候補があった場合は、ネットマスクの長さ（2進数に変換して最上位から何ビット分1が続くか）がより長い経路が優先されます。ネットマスクの長さも同じ場合は優先度を表すメトリックの値が比較され、

値が小さい方の経路が優先されます。ネットワーク宛先として“0.0.0.0”の経路がありますが、この経路のネットマスクも“0.0.0.0”に設定されています。どのようなIPアドレスに対しても“0.0.0.0”と理論積を求めると、結果は“0.0.0.0”になります（どんな数に0をかけても結果は0になるため）。つまり、この経路は、任意のIPアドレスに対して必ずマッチしますので、デフォルトゲートウェイ（宛先がマッチしない場合に選択される）として設定されている経路となります。

（7）TCP、UDP

　トランスポート層はインターネット層（IP）の上位に位置する層で、IPだけでは保証できない信頼性や通信するプログラムを区別するためのポート番号といった機能を提供するための役割を担っています。IPによる通信はよく郵便に例えられますが、郵便でも事故による誤配があるのと同様、IPでもパケットが途中で失われたり、到着順序と送信順序が異なっていたりします。つまり通信の信頼性が保証されているわけではありません。しかし、端末を利用するユーザや動作するプログラムの立場で考えると、通信路での信頼性は確保してほしい機能です。送信したはずのデータが届かなかったり失われたりするようでは使いものになりません。信頼性のない通信路を工夫して、信頼性を確保することはできるのでしょうか。

　郵便でも、往復ハガキを利用して、ハガキが届いたら必ず返信を返してもらうというルールを作ってメッセージを送るとしたらどうでしょう。相手から返事が届けば、こちらから送ったメッセージが相手に届いたことを確認できます。一定期間待っても返事が届かない場合はもう一度往復ハガキを出すということを繰り返せば、必ず相手にメッセージを届けることができます。メッセージに通し番号を付けて、返事にも受け取ったメッセージの通し番号を書いてもらえば、到着の順序が入れ替わっていても受け取った側で元の順序に並べ替えることができます。トランスポート層を構成するプロトコルの一つであるTCPは、このような郵便での工夫と同じようにシーケンス番号と確認応答番号を送信、受信側で交換することで信頼性を確保しています。

　UDPもTCP同様にトランスポート層を構成するプロトコルですが、TCPと違って信頼性の確保は保証しません。IPと同程度の信頼性とポート番号だけのシンプルなプロトコルになっています。TCPは信頼性を確保するために複雑な手順を踏みますが、UDPではそのような手順はありません。その分、シンプルで高速です。上位のアプリケーション層が求める機能（信頼性や高速性）により、トランスポート層としてTCPもしくはUDPのどちらかを選択して利用します。

　また、IPは端末を区別するためのアドレスなので、端末内部で複数同時に動いているプログラムを区別するためには、IPアドレスよりさらに細かな識別子を用

意する必要があります。その機能を担っているのがポート番号です。相手との通信ごとにIPアドレスとポート番号の組み合わせが異なるものになるため、それぞれの通信を区別することができます。ポート番号のいくつかは「ウェルノウンポート」として利用するプログラムが予約されています（**表4**）。最も有名なのはTCPの80番ポートを利用するHTTP（Web）サーバでしょう。ウェルノウンポートが決められているため、端末は目的のサービスを提供するサーバプログラムに接続することができます。Webページを閲覧したい場合は、HTTPサーバが動いているサーバのIPアドレスにTCP 80番ポートで接続すればHTTPサーバが応答して要求に応じた応答を返してきます。IPアドレスでサーバを特定し、プロトコルとポート番号で接続するプログラムを特定しています。

表4　ウェルノウンポートの一部

プロトコル	ポート番号	サーバ
TCP	80	HTTP
TCP	443	HTTPS
UDP	123	NTP
TCP	22	SSH
TCP	25	SMTP

3-2 インターネットを利用しやすくする仕組み

　前節で述べたように、インターネットは今では世界中を網羅する巨大なネットワークになっており、IPパケットに小分けにされた情報がルーティングされて宛先まで送られています。本節では、巨大なネットワークを運用するための工夫や便利に利用するための技術について説明します。

（1）プライベートアドレス

　インターネットに接続されている端末には必ずIPアドレスが設定されています。このIPアドレスにはインターネットに直接接続できる「グローバルアドレス」と、インターネット上には存在しないことが保証されている、つまりインターネットには直接接続できない「プライベートアドレス」の2種類があります。グローバルアドレスは、各地域のIPアドレス管理団体が管理しており、インターネット接続事業者や組織へアドレスを割り当てています。一方、プライベートアドレスは特定の組織への割り当てが行われておらず、インターネットに直接接続できない代わりに、アドレスの割り当てを受けなくとも組織内部で勝手に割り当てることが可能です。そのため、内部に閉じたネットワークを構築する際に利用されています。

　表5に示す IP アドレスであれば、組織内部のルールで割り当てて、利用することが可能です。IP ネットワークの技術を用いて、組織内部のネットワークを構築する場合、組織内部で自由に利用できるプライベートアドレスが定義されていると大変便利です。家庭用の Wi-Fi ルータも、接続している端末にはプライベートアドレスを割り当てるようになっています。

表5　プライベートネットワークとして利用可能な IP アドレス

プライベートネットワーク	IP アドレス割り当て範囲
10.0.0.0/8	10.0.0.0 ～ 10.255.255.255
172.16.0.0/12	172.168.0.0 ～ 172.31.255.255
192.168.0.0/16	192.168.0.0 ～ 192.168.255.255

（2）PAT（NAT）

　グローバルアドレスを持たない機器は、インターネットと通信できないのでしょうか。せっかく IP ネットワークに接続しているのに、組織内部でしか通信ができないとなると魅力が半減してしまいますよね。

　プライベートアドレスから直接インターネットへ通信することはできませんが、グローバルアドレスが割り当てられている機器に中継してもらうことで外部との通信を行うことが可能です。中継の方法は、http proxy のようにアプリケーション層で中継用サーバを動かし、アプリケーションごとに中継を行う場合と「PAT:Port Address Translation」と呼ばれるトランスポート層、ネットワーク層でのポートアドレス変換による中継がよく知られています。PAT は「NAT:Network Address Translation」と呼ばれるネットワーク層のアドレス変換の拡張です。この機能は、ネットワーク層のパケットを書き換え、元々のプライベートアドレスを PAT 機器のグローバルアドレスへ変更します。同様にトランスポート層（TCP、UDP）の情報（ポート番号）も書き換えることにより、プライベートアドレスから発信されたパケットを PAT 機器から発信されたパケットのように偽装する技術です。通信相手のサーバにはプライベートアドレスのパケットではなく、PAT 機器のグローバルアドレスから発信されたパケットとして通信が行われます。PAT による通信の様子を図3に示します。なお、Wi-Fi ルータなどでは NAT と表記される場合が多いですが、実際には PAT として動作している場合が一般的です。

　このように PAT では、プライベート IP で構成されたネットワークから外部ネットワークへ通信が行えるように工夫されています。ただし、内部から外部への接続時に IP アドレス、ポートの変換表が作成されるため、外部から内部への通信はサポートできません。外部から内部への通信を行うためには、事前に変換表を準備し

て対応します。プライベート IP で運用されている Web サーバを公開する際など
には、この事前の変換表が利用されています。また、PAT 変換の情報は有効期限
があるため、あまりに通信の間隔が長いと変換情報が失われてしまい、通信が切れ
ることもあります。

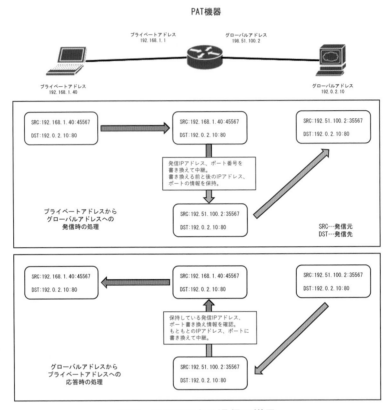

図3　PAT による通信の様子

（3）DHCP

　IP アドレスやデフォルトゲートウェイの説明をしてきましたが、ほとんどの方
はこれらの設定について意識したことはないと思います。IP アドレスは組織によっ
て割り当てられているのに、自分の端末に設定した覚えはないという人が多いので
はないでしょうか。設定していないのになぜ使えているのか、その疑問に答えるの
が「DHCP」です。DHCP は Dynamic Host Configuration Protocol の略で IP
利用時に接続したネットワークから利用に必要な情報が自動的に設定される機能
を提供しています。

　DHCP では、ネットワークに接続された端末は最初にブロードキャストを利用
して DHCP サーバにアドレスの割り当てを依頼（discovery）します。依頼を受
け取ったサーバは、割り当て可能な IP アドレスから端末へ割り当てるアドレス
を提示（offer）します。提示を受け取った端末は、自分が利用する IP アドレス

を仮決定し、要求（request）をブロードキャストします。複数のDHCPサーバが存在している場合、複数の提示を受け取る可能性があるため、提示の中からどれを利用するのかを意思表示します。DHCPサーバは要求を受け取ると承認（acknowledgement）を返します。承認は、IPアドレスを割り当てる期間（リース期間）やその他の設定情報を含んでおり、端末は送られてきた設定情報を適切に反映します。

　図4はネットワークプロトコルアナライザのWiresharkを用いて、DHCPによる自動設定の流れをFlow Graph機能で可視化したものです。最初はIPアドレスが決まっていないため、0.0.0.0の端末からブロードキャストでdiscoverが発信され、それに192.168.0.1のDHCPサーバがofferで応答し、request、acknowledgementと続いています。

図4　DHCPによる自動設定の流れ

（4）DNS

　インターネットではIPによる通信が行われていますが、アプリケーションを利用する際にIPアドレスを直接意識することはありません。たいていはIPアドレス（例：192.0.2.1）ではなく、ホスト名（例：www.example.com）を使って、通信の相手を指定しているはずです。ブラウザを使ってWebページのURLを開くときも、「http://192.0.2.1/index.html」ではなく「http://www.example.com/index.html」とホスト名を使う場合がほとんどです。これは、利用者にとって、IPアドレスを覚えるよりホスト名を覚える方が簡単で便利だからです。しかし、ホスト名で相手を指定した場合、どうやって相手のIPアドレスを求めているのでしょう。IPで通信をする限り、相手のIPアドレスが必要になるはずです。

　初期のシステムでは、ホスト名とIPアドレスの対応表を使ってこの問題を解決していました。しかし、表を使う方法は、組織の内部など規模が小さく、変更があまりない場合は有効ですが、インターネットのように規模が大きく、頻繁に変更がある場合には無理があります。そこで考えられたのが分散型のデータベース「DNS：Domain Name System」です。

　DNSはホスト名とIPアドレスの変換を行うための仕組みです。端末が、DHCPなどにより指定されたDNSサーバに対して、ホスト名を問い合わせると、対応するIPアドレスが返ってきます。ホスト名はコンピュータを区別するために設定する名前です。インターネットで特定のホストを示す場合は、"ホスト名.example.

co.jp"のような形になっています。ホスト名の後ろに組織を表すドメイン名を付加することで、ユニークな名前となり、相手を特定することができます。この形式は「FQDN: Full Qualified Domain Name」と呼ばれています。ここでドメイン名に注目すると、"."で区切られていますが、一番右側からトップレベルドメイン（TLD）、セカンドレベルドメイン、サードレベルドメインとなっており、階層構造となっています。英語での住所表記のように右側の TLD から始まって、下のレベルへ行くほどより細分化された組織に対応します（**図5**）。

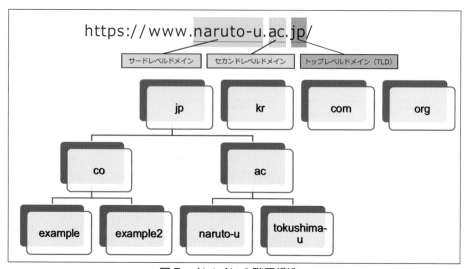

図5　ドメインの階層構造

　TLD はいくつかの種類があります。代表的なものに国別 TLD があり、国や地域を表す2文字のアルファベットが登録されています。日本は "jp" です。国別 TDL 以外では "com" や "org" といったジェネリック TLD などがあります。セカンドレベルを見ると "co" は企業、"ac" は教育機関を表しています。サードレベルでは具体的な組織名を示しています。"naruto-u" は鳴門教育大学を表しています。階層ごとにその階層を管理する（権威 DNS）サーバが存在しています。

　DNS はホスト名の問い合わせがあった場合、ルートサーバと呼ばれる最上位のサーバに問い合わせを行います。ルートサーバは問い合わせの FQDN の TLD を担当する権威 DNS サーバのアドレスを返します。次に TLD の権威サーバに対して、問い合わせを行うと、セカンドレベルドメインの権威サーバのアドレスが返されます。これを目的の組織を担当する権威サーバまで繰り返すことで、目的のホストに対応する IP アドレスを得ます。"www.naruto-u.ac.jp" の名前を解決する様子を**図6**に示します。このように DNS はルート権威サーバから目的の組織（ドメイン）の権威サーバに辿りつくまで再帰的に問い合わせを繰り返してホスト名に対応する IP アドレスを求めています。

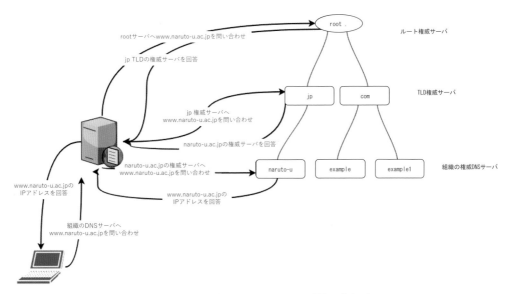

図6　DNS による IP アドレスの問い合わせ

　DNS による IP アドレスの問い合わせを観測すると、ドメイン名の上では "jp" の下に "ac" の階層がありますが、"jp" の TLD 権威サーバは、"ac" の権威サーバに問い合わせるのではなく、"naruto-u.ac.jp" の権威サーバに問い合わせるようになっています。

　DNS による問い合わせの様子は「https://simpledns.plus/lookup-dg」などのサイトで確認できます。

（5）ファイアウォール

　ファイアウォールは本来「防火壁」のことで、火事が発生した際に延焼を防ぐ役割があります。それではネットワーク機器のファイアウォールとは一体何の役割をするものでしょうか。答えは、ネットワークの通信を制限し、公開されているサーバの公開されているサービスに対してのみ通信を許可し、それ以外の通信を遮断するといった機能を提供する役割です。なぜこのような制限が必要になるのでしょうか。これはインターネットの普及に伴い、悪意のある人やソフトウェア（マルウェアやボットなど）が増加し、インターネットを介してシステムの設定不備や脆弱性が狙われるようになったからです。

　ファイアウォールの基本的な動作はパケットフィルターです。すでに述べたように、インターネット上でのやりとりでは、ルーティングによりルータがパケットをバケツリレーすることで相手のところまでデータが運ばれますが、ファイアウォールはこのルーティングによるパケット転送を許可、不許可するルールを設定することができます。ファイアウォールのルールには何が使えるでしょうか。インター

ネット層のルールでは、利用できるのは IP アドレスの情報のみです。この発信元からこの宛先にデータを運ぶことは許可する、不許可にするといったことが可能になります。さらに細かい制限、サービスごとに許可、不許可を決めたい場合はトランスポート層でルールを書く必要があります。ファイアウォールはこの２層の情報を組み合わせて、通信の許可、不許可ルールを記述することができます。

　さらに高機能なファイアウォールでは、通過する通信データが登録されたパターンにマッチした場合には遮断したり、ダウンロードされる実行ファイルをサンドボックス（閉じた環境で悪意のある動作をしないか確かめる場）で実行してマルウェア（悪性ソフトウェア）判定を行ったりといった、セキュリティを向上させるための機能が追加されているものもあります。

3-3 インターネットを安全に使うために注意すべき点

（1）情報セキュリティ

　インターネットに接続することで、世界中の情報に簡単にアクセスできます。大変便利な機能ですが、あなたが世界の情報に触れられるのと同時に、世界の中の誰かがあなたの端末に接続することも可能になります。治安のよい土地に部屋があれば、戸締りにそれほど神経質にならずに済むかもしれませんが、インターネットでは世界中どこからでもアクセスの可能性があるため、きっちり戸締りをして簡単には侵入されないような対策をしておく必要があります。自宅にあるインターネットとの接続に利用しているルータに接続し、通信ログ情報を確認してみましょう。ルータによって遮断された不正なアクセスがどの程度発生しているのか知ることができます。また、主として日本に設置されたダークネット（利用していない IP アドレス）センサに対する世界中からの通信を観測している国立研究開発法人情報

Atlas
Atlas はダークネットに到達したパケットを、IPアドレスやポート番号などに基づいて、世界地図上にアニメーション表示する可視化エンジンです。

Cube
Cube はダークネットに到達したパケットを、IPアドレスやポート番号に基づいて、3Dの立方体中にアニメーション表示する可視化エンジンです。

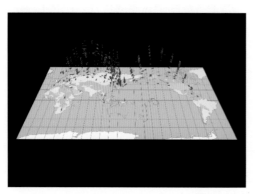
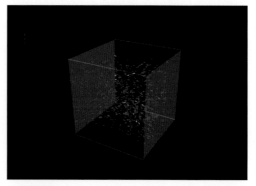

図7　NICTERWEB

提供：情報通信研究機構（NICT）

通信研究機構（NICT）では、観測結果の一部を可視化してアニメーション表示するNICTERWEB（https://www.nicter.jp/）を公開しています（**図7**）。ダークネットは、誰も利用していないアドレスのため、本来ならここへ届く通信は存在しませんが、新しい侵入先を発見しようとするマルウェアやボットが接続しに来ます。このページを見ると、ダークネットには大変多くの通信が届いており、その背景には多くの不審な端末が存在していることが実感できます。

　これら不審な通信から端末を守るための具体的な対策としては、ファイアウォールで不要な通信を遮断する、OSやソフトウェアのアップデートを実施する、マルウェア対策ソフト（機能）を有効にする、不審なファイルは実行しないなどの対策が必要です。日々刻々と新しい攻撃が生み出され、被害が発生しています。そのため、どのような脅威が流行し、その対策にはどのようなものがあるのか、情報セキュリティに関する知識をアップデートし続ける必要があります。独立行政法人情報処理推進機構（IPA）が毎年「情報セキュリティ10大脅威」をまとめてインターネットで公表しています [3-4]。ここで取り上げられているメジャーな脅威については、知っておくべき知識として毎年確認することをお勧めします。

（2）匿名性

　インターネットは匿名性が高いといわれています。匿名には、実名では難しい問題を告発することができるといったメリットもありますが、実際は匿名を隠れ蓑にして根拠のない罵詈雑言を書き込むといった被害が多く発生しています。

　本当にインターネットは匿名性が高いのでしょうか。すでに説明したように、インターネットはIPにより通信が行われています。IPパケットには宛先と発信元のIPアドレスが情報として含まれています。そのため、書き込みが行われたサイトで接続記録が保存されていた場合は、発信元のIPアドレスが判明してしまいます。IPアドレスがわかれば、そのIPアドレスのネットワークアドレス部を確認することでどこの組織へ割り当てたアドレスなのかが判明します。サービスプロバイダの管理するIPアドレスなら、そのアドレスを割り当てた回線は誰と契約した回線なのかを辿ることも可能です。一般の人には、接続記録やプロバイダの契約記録を確認することはできませんが、警察の捜査であれば確認が可能です。つまり、個人の能力で調査する範囲ではそれなりに匿名性が担保されますが、警察の捜査であれば匿名性は低くなります。

　もし、インターネットの利用で匿名の相手から罵詈雑言を浴びせられ、ダメージを受けているのなら、まず警察へ相談することをお勧めします。各都道府県警察本部にはサイバー犯罪の相談窓口が設けられています。

（3）認証

　コンピュータやインターネットのサービスを利用する際には、認証を行う必要があります。私たちは、日常生活の中で、顔やしぐさといったさまざまな身体的特徴に基づいて、相手が誰かを認証しています。コンピュータではどうでしょうか。最近のスマートフォンには、生体情報である顔や指紋を登録し、利用者の生体情報と照合することで認証する機器もありますが、一般的にはユーザIDとパスワードの入力により認証する方式が一般的です。パスワードによる認証方式は、システムと本人しか知り得ない情報の照合により、本人と認証しています。そのため、パスワードは本人しか知らず、第三者は知り得ないことが大前提となっています。第三者にID、パスワードを知られてしまうと、簡単になりすましを許すことになります。

　なりすましを防ぐには、パスワードを知られることを防ぐしかありません。パスワードが短すぎると、全てのパターンを試すことによって解読される恐れがありますし、英単語やアイドル、キャラクターの名前などを使っていれば、パスワード候補の辞書を使って解読される危険があります。このような解読を防ぐためには、パスワードに英語大文字、小文字、数字、特殊記号を利用することと、パスワードの長さを長くすることが有効です。以前は定期的な変更も推奨されていましたが、最近は、十分に複雑なパスワードを設定した上で、第三者に漏れた形跡がなければ、変更しなくても大丈夫という考え方に変化しています。また、パスワードはメモせずに記憶することが推奨されていましたが、そうなると複雑パスワードは敬遠されてしまいます。そこで今では、手帳など他人が簡単にアクセスできないモノにメモする（全てではなく一部省けば、万が一誰かに見られても簡単には破れない）ことや、パスワードマネージャと呼ばれる管理ソフトの利用がお勧めです。さらに、皆さんはインターネット上で複数のサービスを利用していると思いますが、面倒だからといって複数のサービスに同じID、パスワードを使い回している人がいるかもしれません。認証情報を使い回していると、万が一どこかで漏れた場合に、他のサービスも危険になります。攻撃者は、漏れたID、パスワードを使って他のサービスに接続できないか、片っ端から試していきます。認証情報の使い回しは大変危険なので、やめてください。そのためにも手帳やパスワードマネージャを活用しましょう。

　インターネットのサービス（ショッピングやクラウドなど）では、さらに「多要素認証」と呼ばれる認証に対応しているものも増えています。これは認証をパスワードだけに頼らずに、他の要素と組み合わせて利用することで、なりすましを防ぐ技術です。よくあるのは、IDとパスワードでログインしようとした際、IPアドレスや端末が初めて接続してきたものであれば事前に登録しておいた利用者の携帯電話やメールアドレスへ連絡が届き、そのアクセスが本人のものなら承認する

ことで、認証されるというものです。IDとパスワードが第三者に漏れたとしても、利用者本人に承認するかどうかの通知が届くため、そこで承認しなければ、なりすましを防ぐことができます。ショッピングやオンラインバンク、クラウドサービスなど資産や情報資産を扱うサイトでは、なりすましを防ぐためにも、多少面倒かもしれませんが、多要素認証を有効にして、より安全に利用しましょう。

（4）フィルターバブル

　インターネットの検索サイトや動画投稿サイト、ショッピングサイト、SNS等では、利用者の好みを学習し、その好みに合わせた情報がお勧めされます。お勧めの情報は確かに便利でとても有益ではありますが、見方を変えれば、好みではない情報はいつのまにかフィルターされてしまい、目に入らず存在さえも気付かないような環境が構築されてしまっているといえます。このような状況をイーライ・パリサーは著書の中で「フィルターバブル」と名付けました [3-5]。

　インターネットで提供される多くのサービスは、個人の好みに合わせたパーソナライズが進んでいます。従来の新聞やテレビといったマスメディアは不特定多数の読者、視聴者に対して同じ情報を提供していましたが、インターネットのサービスでは、個人の嗜好に合わせた情報を提供しています。このため、情報の入手先が従来メディアを主とする人とインターネットを主とする人では、身の回りに見える情報が違っており、相対的な自分の立ち位置の見え方が異なってきます [3-6]。残念ながらインターネットでは、意見の違いから炎上と呼ばれる非難の応酬が見られますが、このようなフィルターバブルによる立場の分断も原因の一つかもしれません。

　インターネットから得られる情報は有効ですばらしいものですが、良くも悪くもパーソナライズされた情報になっています。自分には見えていない（提供されない）世界も存在し、その世界もまたすばらしいという多様性を認める価値観を忘れないよう、心してインターネットのサービスを使ってください。

引用・参考文献
[3-1] あきみち，空閑洋平：インターネットのカタチ，オーム社（2011）
[3-2] 竹下隆史，村山公保，荒井透，苅田幸雄：マスタリングTCP/IP 入門編 第2版，オーム社（1998）
[3-3] Wireshark: https://www.wireshark.org/（最終閲覧日：2020年10月30日）
[3-4] IPA：情報セキュリティ10大脅威,https://www.ipa.go.jp/security/vuln/index.html#section9（最終閲覧日：2020年10月30日）
[3-5] イーライ・パリサー（訳 井口耕二）：閉じこもるインターネット，早川書房（2012）
[3-6] 笹原和俊：フェイクニュースを科学する，化学同人（2018）

プログラミングを通した問題解決能力の育成

キーワード	☑ 問題解決能力	☑ 論理的思考	☑ プログラミング・ワークショップ
	☑ ティンカリング	☑ デザイン思考	

　本章では、プログラミングを通して育成したい力として論理的思考力と問題解決能力、創造的思考力を取り上げ、その具体的な内容について説明します。また、プログラミング・ワークショップを通してそれらの力を育成する際、どのような点に留意すべきかについて解説します。

4-1 プログラミング中の子供たちの姿

　2017（平成29）年に新しい学習指導要領が告示され、2020年度から小学校でプログラミング教育が本格的に実施されることになりました。現在小学校教員をしている人も小学校教員を目指している人も、プログラミングを体験したことがないという人にとっては、どのようなものになるのか、あまりイメージが湧かないのではないでしょうか。私たちは、2019年度から年に数回、プログラミング・ワークショップを開催し、子供たちがプログラミングを体験し学ぶことのできる場を提供してきました。本章の話を進める前に、そこでの子供たちの姿を少し紹介しましょう。

　2019年の夏休み、私たちの所属する大学で、近隣の小学生18名を対象にワークショップを開催しました。子供たちは、一人1台iPadを使い、ビジュアル型プログラミングアプリSpringin'[1]でプログラミングに取り組みました。Springin'では、導入として、よく「コロコロゲームを作ろう」[2]という活動を行います。コロコロゲームというのは、画面上に描かれた坂道沿いにボールを転がし、ジャンプボタンをタイミングよく押して、坂道の下にある旗に当たればゴール、というものです。このワークショップ

図1 ワークショップでの参加者の様子。画面からボールが飛び出してしまうのを見て、修正しようとしている。

---

[1] https://www.springin.org/jp/　教育機関向け支援サービス Springin' Classroom も提供されている。
[2] https://www.springin.org/jp/learn/videos/making/korokoro/

でも、まずはそこから始めました。参加した子供たちがボランティアの学生と話をしながら制作を進めています（**図1**）。

参加者Ａ：「こっち [坂道] を、留める…こっち [ボール] を、[設定を確認して] あ、転がしてる…んで、再生したら [プログラムを動かしたら] …。」

学生：「できた！」 [ボールが画面から飛び出して消えてしまう。]

Ａ：「ほなけんど [阿波弁で「だけど」の意]、こっち [画面の内側] に転がる作用がいるんよ。」

学生：「へぇ〜。」

Ａ：「これを、こう [画面の端に跳ね返って次の坂道を転がるように、という様子を手で示して] するようにしたい… [機能を設定するアイコンを見ながら] じゃ、これかな？」

（[ ] 内は著者による補足）

また別のテーブルでは、2人の参加者が1台のiPadに向き合って、青い六角形と水色の六角形をかいています。もう1台のiPadでは、タイマーアプリを使って30秒を計っています。「レディー、ゴー！」のかけ声で六角形をタップすると、周りの小さな丸が動…きません。

参加者Ｂ：「あれ？」

参加者Ｃ：「変わらん〜」

Ｂ：「なんで？」

Ｃ：「私、思ったんよ [とプログラムを作り変え始める]。さらにさ〜。」

[2人で話しながら新しいパーツをプログラムに付け加えていく。]

いずれの事例でも、自ら「こんなものを作ってみたい！」という思いをもち、活動に取り組んでいることがわかります。参加者たちは、今のプログラムが思っているように動かないので、どうすればよいか考え、修正しようと試行錯誤しています。特に2番目の事例では、ワークショップが始まった時点では個人の活動だったのに、2人で協働してプログラムを作っていて、しかもどこでどうなったのか、作っているものがもはやコロコロボールですらありません。

一方、これとは異なるタイプのプログラミング・ワークショップも存在します。私たちの実践ではありませんが、例えば、「ロボットを組み立て、プログラムを作って動かそう」というワークショップで、講師の提示した順番でロボットを組み立て、提示されたプログラムを入力し、ロボットに転送して動かす、というようなものです。子供たちは、新しい技術に出会い、ロボットを動かす体験ができて楽しそうにしていました。その中で子供たちは、プログラムを作るということはどういうこと

か、プログラムはどのように使われているのか、について学んだことでしょう。ですが、作るべきプログラムは講師によって準備され、提示した手順に従って作業を進めていくものであり、子供たちが自分自身の思いを形にしていくのとは少し違います。

　小学校でプログラミング教育を行うにあたって、私たちはどちらのタイプの実践を行うのがよいのでしょうか？　あるいは、第3のタイプの実践があるのでしょうか？　一般に、育てたい子供像が違えば——例えば、知識を暗記してほしいのか、学習対象についてさまざまに考えてほしいのか——、発問の言葉や振る舞い方などが変わります。プログラミング教育においても同様で、その問いの答えは、プログラミングを通して何を育てようとするのか、についての考えに依存します。特に小学校でプログラミング教育が始まったばかりの今、どのようなタイプの実践を行うのがよいか、またそこで何を育てようとするのかを考えることには大きな意味があるでしょう。

　本章では、プログラミングで育成したい力について考えていきます。そこでは、プログラミング教育に関わり学習指導要領の中で示されている論理的思考力の育成はもちろんのこと、問題解決能力、特に創造的思考力の育成が重要であることを論じます。次いで、私たちが実践したプログラミング・ワークショップをさらに紹介しつつ、私たちがどのようなことに留意して活動し、参加者がどのような創造的思考を働かせていたかについて見ていきます。

4-2 プログラミングを通して育成したい力

（1）論理的思考力

　2017（平成29）年告示の小学校学習指導要領 [4-1] には、「プログラミングを体験しながら [中略] 論理的思考力を身に付けるための学習活動」という表記があり、論理的思考力の育成が意図されていることがわかります。また、中央教育審議会における学習指導要領改訂に向けた議論の土台となった有識者会議「小学校段階におけるプログラミング教育の在り方について（議論の取りまとめ）」[4-2] では、

　プログラミング教育とは、子供たちに、コンピュータに意図した処理を行うよう指示することができるということを体験させながら、将来どのような職業に就くとしても、時代を超えて普遍的に求められる力としての「プログラミング的思考」などを育むことであり、コーディングを覚えることが目的ではない。

と、プログラミング教育を通して「プログラミング的思考」、すなわち

　自分が意図する一連の活動を実現するために、どのような動きの組合せが必要であり、一つ一つの動きに対応した記号を、どのように組み合わせたらいい

> のか、記号の組合せをどのように改善していけば、より意図した活動に近づく
> のか、といったことを論理的に考えていく力

を育てるとしています。

　具体的には、プログラムを作る際、プログラミング言語やプログラミングアプリ
を使ってコンピュータにやらせたいことを記述していきます。プログラミング言語
やプログラミングアプリは、使える「単語」がそれぞれ決められており（例えば文
字列を画面に表示させるために、いくつかのプログラミング言語で print という単
語が使われる）、それを決められた方法で記述しなくてはなりません。つまり、プ
ログラムを作る人は、やりたいことをプログラミング言語で決められた単語で表
せるレベルにまで分解し、それをどのように組み合わせるかを考える必要がありま
す。例えるなら、立方体や直方体、円柱、三角柱といった基本的なパーツからなる
積み木で街を作るようなものです。街を作ろうとする人は、道を作るには直方体の
積み木を平たく並べようか…、家を作るには円柱で柱を立てて三角柱を屋根がわり
にしようか…、店や橋を作るにはどのパーツを使ってどのように並べようか…と考
えることでしょう。このとき、基本的なパーツのレベルにまで分解してその組み合
わせや並べ方を考える、という頭の使い方をしています。もちろん試行錯誤してい
るうちに、たまたま橋ができた、という場合もあると思いますが、頭の中で橋を思
い浮かべ、必要な要素（橋脚、橋桁、欄干…）を考え、基本パーツの組み合わせと
して表現する、同様のものを作るときはその方法を再利用する、というように論理
的に考える場合もあるでしょう。

　第1章でも述べられているとおり、プログラミング中に行う論理的思考には次の
ようなものがあります [4-3、4-4]。

①分解

　すでに積み木の例を交えて述べたように、プログラミング中の思考法の一つとし
て、実現したいことを下位のパーツに分解する、ということが挙げられます。例え
ばワープロソフトを考えてみてください。一口にワープロ、といっても、それは文
字の入力、画面への表示、漢字変換、保存、印刷…といった複数の機能が組み合わ
さってできています。それぞれの機能も、さらに下位のパーツが組み合わさって作
られています。プログラミングをする際にも同様に、どのような機能があるのかに
分割し、さらに用いているプログラミング言語で定義されている単語のレベルにま
で分解する必要があります。

　一つの機能を下位の機能に、さらに基本的なパーツに分解して記述していく、と
いう行動は、分析的に物事を見る力の育成につながるでしょう。また、大きな課題
を下位課題に分割して個々に取り組んでゆくという思考の方法は、一般的な問題解

決方略の一つです。プログラミングは、そのような思考の方法を学ぶ良い場となっています。

②アルゴリズム的思考

　分解された要素は、想定された機能を果たすために、一定の順序で並べられる必要があります。特定の作業——もう少し広い言い方をすれば問題解決——のための手順のことをアルゴリズムと言います。例えば、立方体の積み木の上に三角柱を屋根型に乗せることで「家」を作る手順を逆にすると家ができない（あるいは別のものができてしまう）ように、分解した要素をどの順番で並べるかがアルゴリズムにおいて大切なものになってきます。

　アルゴリズム的に考えることは人間の問題解決方略の一つです。例えば、料理や買物、何かを作る場合など、いくつかの要素をどのような順番で行えば効果的・効率的に作業をすることができるかを考えることは、アルゴリズム的思考に当たります。プログラミングによって、アルゴリズム的に思考する力の育成が期待できます。また、アルゴリズム的に考えることは、教科の学習の中の数学の証明問題や家庭科において効率的に料理の手順を考えるといったことと関連しています。

　一方、人間の問題解決方略には、アルゴリズム的思考の他にヒューリスティクスがあります。ヒューリスティクスとは、「必ず正解にたどり着くわけではないにしても大抵は正解を得られ、簡単に利用可能な、近道として使える手段」のことです[4-5]。経験的に獲得した方法を利用するため素早い判断ができ、日常生活では有効に働きます。ですが、時にバイアスがかかり正確な回答が得られない場合があります。アルゴリズムとヒューリスティクスとを補完的に働かせることによって、よりよい問題解決を行えるようになります。

③抽象化

　抽象化という頭の使い方も、プログラミングの最中にしばしば行われます。抽象化とは、現実の事象から、その問題解決に関係のある情報を取り出し、取り出した情報間の関係性（構造）を捉えることです。抽象化の例としてしばしば取り上げられるのは電車の路線図です。路線図は、実際の地理的な情報から、駅間の距離や（正確な）方向といった情報を捨象し、駅と、駅と駅の関係性のみを取り出して描いたものです。目的地に行くのにどこで乗り換えればいいかといった問題を解決したりするのに利用できます。これは、算数で「リンゴが３つあって、さらに２つ買ってきたら合計で５つになりました」という事象を「３つのものに２つのものを加えると５になる（３＋２＝５）」と考えるように、具体的な表象を考えずに数とその関係性だけを捉えて問題を解く、というのに似ています。

④一般化

　一般化は、複数の対象に共通してみられる特徴を見いだすことであり、対象間の

類似性に関係しています。ある対象の特徴（抽象化されたものである場合が多い）を他にも当てはめていくような思考の働きです。プログラミングにおいて一般化は随所に見られます。例えば、「反復」は、一連のプログラムの中に共通性を見いだし、同様の手順をまとめることにほかなりません。一般化は、人間の基本的な認知機能の一つです。例えば、イスにはいろんな形や色のものがありますが、私たちはどれも「イス」であると判断します。これは、私たちがイスを一般化して理解できるおかげです [4-6]。問題解決の場面でも、過去に経験したことの中から似たものを想起して当てはめる、といったことは、私たちにとって自然な行動ですが、これも一般化の例です。

（2）創造的思考力

　ここまで、プログラミングの際に働く論理的思考について見てきました。ところで、人はプログラミングをする際に、論理的思考だけを働かせているのでしょうか。答えはノーです。確かに、コンピュータを動かすためのプログラムは論理的に書かれている必要があります。ですが、プログラムを作るという行為自体はクリエイション（ものづくり）です。現在、小学校プログラミング教育でよく利用されている Scratch を開発したレズニックは、その著書『ライフロング・キンダーガーデン』[4-7] で「私は、幼稚園スタイルの学びこそが、急速に変化する今日の社会で活躍していくために必要な創造力を、あらゆる年齢の人びとが育むために必要なものであると確信しています。(p.28)」と述べており、Scratch によるプログラミングや Scratch の Web サイトにおける共有を、そのための場と位置付けています。また阿部[4-8]は、実際に、小学生がビジュアル型プログラミング言語 Scratch を使って活動する際に、非常に創造的であった様子を報告しています。「議論の取りまとめ」[4-2] を報告した有識者会議の正式名称の中にも創造性の育成という言葉が入っていることや、本文に「定められた手続を効率的にこなしていくことにとどまらず、自分なりに試行錯誤しながら新たな価値を生み出していくこと」が「現在、社会や産業の構造が変化していく中で、私たち人間に求められる」とあるところからも、プログラミング教育においては論理的思考だけでなく、創造的な思考の育成が期待されているのは間違いありません。

　ところが、福井・黒田・森山 [4-9] や有識者会議のメンバーであった利根川 [4-10] が指摘するように、プログラミング教育に関する研究や議論は論理的思考の育成に偏っているように思われます。そこで、次に、プログラミングを通してどのような創造性を学びうるかについて考察します。

プログラミングとティンカリング

　プログラムを作る際、全てを綿密に設計してその通り作るということはあまりあ

りません。もちろん設計は詳細に行われますが、プログラムを作り出したら、少し作っては試してみて、うまく動くかどうかを確認し、思ったように動かなければ原因を考えて修正を加え、さらに試してみる、といったことが繰り返し行われます [4-11、4-12]。プログラムがうまく動くかどうかは、プログラムを走らせてみればすぐにわかります。得られたフィードバックに基づいて即座に修正を加えることができるという点が、プログラミングによる学習における非常に重要なポイントです [4-13]。

この、小さな試行錯誤を積み重ねて進めていくということこそ、プログラミング的思考として児童生徒に身に付けてほしい問題解決方略の一つです。それは、Wilkinson & Petrich [4-14] のいうところのティンカリングと深く関係しています。ティンカリングとは、「現象、道具、素材をいろいろと直接いじくりまわして遊ぶこと」です。Wilkinson & Petrich は、「何かが動く仕組みを推測し、疑問を抱きながら、自分なりの方法で探っていくものです。自分で自分に、あれこれいじくりまわす許可を与えるのです。そうすることで、自分自身でも思いもよらなかった素晴らしいものが生まれてくるのです。」と述べ、それを行うことで「人はデザインセンスを磨き、問題解決の力を高めることができる」[4-14、p.10] と主張しています。そしてそれは、「どのような教科を、何歳の生徒たちに教えるかに関わらず、全ての教室で使われるべき『知るための方法』」の一つであるとされています [4-15、p.35]。

ティンカリングに似た概念として、デザイン思考があります [4-16、4-17、4-18]。デザイン思考とは、デザイナーが実践している創造的な思考の方法や心的な構えのことであり、いくつかの特徴があります。特徴のうちの一つ、「ラピッド・プロトタイピング」は、（間違っていてもいいので）できるだけ素早くアイデアを形にし、それを使ってアイデアを検証する、という方法のことであり、そのプロセスを何度も繰り返し、なるべく多くのプロトタイプを作ってそれをもとに考えることが推奨されます。

先に述べたように、プログラミングはティンカリングあるいはラピッド・プロトタイピングを行うのに非常によい活動です。その活動を通して児童生徒は、試行錯誤することの方法（探索する、試す、失敗から次を考える、など）や試行錯誤のよさを学ぶことができます。また、物事に根気よく取り組む気持ちや、「人間の基本的資質は努力次第で伸ばすことができる」という信念（ドゥエック [4-19] のいう「しなやかマインドセット」）を育むこともできるでしょう。

（3）プログラミング体験の質と遊び

ティンカリングを通して創造性を身に付けるためには、プログラミングを体験しさえすればよいというわけではなく、その体験が質の高いものでなければなりません。それは、幼児教育における遊びの質についての議論に似ています。幼稚園教

育要領 [4-20]、第1章「総則」の第1には、「幼児の自発的な活動としての遊びは、心身の調和のとれた発達の基礎を培う重要な学習である」とあり、幼稚園教育は「遊び」が重要な学習であるという認識に基づいて行われています。保育現場では、子供たちが遊びを通して学ぶことができるよう、子供たちが活動に没頭する状況、すなわち「遊び込む」状況をいかに作り出すか、ということに注力しています。

　保育において遊びの様子を表す言葉として、「遊んでいる」「遊び込んでいる」「遊べていない」「遊ばされている」などがあります。「遊べていない」は遊ぶ対象を前にして子供たちがどうしていいか戸惑ってしまっているような状態、または遊んでいるにしても十分に自身の力を発揮していないような状態を指します。「遊ばされている」は、保育者が指示した枠の中で子供たちが動かされているような状態です。鳴門教育大学附属幼稚園では、「遊誘財」をキーワードとして、子供の主体的な活動を誘う環境について研究しています。その研究に基づき佐々木は、「一斉に歌を教え、一斉に製作を教え、一斉にお遊戯をさせていると子どもたちはいつでも受け身で学ぶ（遊ぶ）パターンの中に組み込まれ、自分で判断することを忘れてしまう。人間関係や判断の規準はいつも外（保育者）の側にあり、子ども自身が試行錯誤しつつお互いに自分たちで自信を持って決めていくことに躊躇をし始める。」と、遊び込めないことで学べないことについて述べています [4-21、p.11]。それに対して「遊んでいる」は、子供たちが自身の力を使って楽しく、あるいは楽しくないかもしれないけれども一生懸命活動している状態で、その中でも没頭して遊んでいる状態が「遊び込んでいる」です。佐々木は、遊び込むことにより、子供たちは「自分で決めた（必要とする）時間を作り、その時間を生きる」ことになり、「この時間を子供が使いこなせるようになると、忍耐力や想像力を育むように」なると述べています [4-21、p.10]。

　プログラミングの体験の質を考える上で、建築家である青木の「原っぱと遊園地」という考察も非常に興味深いです [4-22]。青木は、原っぱと遊園地は、遊び場としてはどちらも楽しい場所ではあるが、

　子供たちは、いくらでも、原っぱを使った新しい遊びをそこから引き出すことができた。原っぱの楽しみは、その場所での遊び方を発明する楽しみであり、そこで今日何が起きることになるのかが、あらかじめわからないことの楽しみだった。
　それが、人間の空間に対するかかわり方の自由ということの意味だ。この自由は、別の意味で同じくらい楽しかった遊園地と対極にある。遊園地は演出されている・どういう楽しさを子供が得られるか、それが最初に決められ、そこから逆算してつくられている・それもまたとても楽しいことに違いないけれど、そこにはかかわり方の自由がきわめて少ない・ジェットコースターには、ジェットコースターとしての遊び方以外が許されていない。

と両者の性質を述べています [4-22、p.12]。

　子供が遊び込むには原っぱ的な場が必要であると言えます。そこで学びが生じるようにするには、いたれりつくせりの環境を揃えるのではなく、子供たちが空想を働かせる余地のあることが必要です。このことはプログラミングにも当てはまります。プログラミングを通して創造性を育成する際の遊びの重要性は、レズニックが繰り返し主張していることでもあります [4-7]。プログラミング体験でも、子供たちが遊び込めるよう、空想を働かせる余地をもたせることが必要です。

（4）プログラミングと問題解決の関係性

　ここまで、プログラミングを通しての学びと、学びを達成するための条件としての「遊び込む」という視点について述べてきました。その中で、たびたび「問題解決」という言葉を使ってきました。ここで、プログラミングと問題解決の関係について触れておきます。プログラミングと問題解決との関係には、次の2通りが考えられます。

　一つは、問題解決のためにプログラミングを用いる場合です。手段としてのプログラミング、と言ってもよいでしょう。私たちの身の回りにあるプログラムを利用しているもの、例えば冷蔵庫を考えてみましょう。冷蔵室の扉が開きっぱなしでは中のものが冷やされなくなってしまう、という問題を解決するために、「一定時間扉が開いていたらアラームを鳴らす」という機能がプログラムによって実現されています。『小学校プログラミング教育の手引（第三版）』[4-12] に例示されている、算数の授業で図形について考える際に多角形をかくプログラムの作成、理科の授業でセンサライトの機能を実現するためのプログラムの作成なども、問題解決の手段としてプログラミングを用いる場合です。一般的なプログラミングは、こちらに当てはまるものが多いでしょう。

　もう一つは、プログラミング自体が解決すべき問題である場合です。目的としてのプログラミング、とも言えます。プログラムを作る際には必ず、どのようにそれを作ればよいかを考えることになります。その意味で、手段としてのプログラミングは、どんな風にプログラムを作ればよいかを考えるという問題解決をその内に含んでいます。プログラムを作る方法やプログラミング言語について学ぶ場合も、プログラミング自体が目的になります。また、プログラミング自体を楽しむためにプログラミングに取り組んでいるような場合も、これに当てはまります。結果として、ゲームができたり、便利なユーティリティアプリができたりしますが、それよりもプログラムを作ることが好きで、いろいろ作っている、という場合です。

　手段と目的という区分は、料理を作ることや絵を描くことにもあります。生きるために必要な成分を摂るために私たちは料理を作りますが、料理をすること自体が

楽しくて好きなので料理やお菓子を作るという場合もあります。小学校のカリキュラムの中で実施されるプログラミングは、教科の学びを深めるための手段としてのプログラミングが多くなるでしょう。もちろん、それは大切なことです。ですが、試行錯誤を通して創造的な思考を働かせるためには、目的としてのプログラミングを行い、遊び込むことも必要です。そうすることによって、子供たちが、試行錯誤しながら、自分の中にある基準を使って自信をもって判断するような場を作ることができるでしょう。

4-3 プログラミング・ワークショップにおける創造的思考力の育成

　冒頭に、私たちが実施したワークショップの事例を紹介しました。そこでは、子供たちが自分の思いを、試行錯誤を通して形にしていく様子がありました。プログラミングの場が、原っぱ的で、子供たちが遊び込み、「定められた手続を効率的にこなしていくことにとどまらず、自分なりに試行錯誤しながら新たな価値を生み出していく」[4-2、p.2] ようになるためには、どのような場を設定し、どのように子供たちに関わればいいのでしょうか。

　その問いに答えるために、私たちがワークショップを計画・実施する際に留意した点について紹介します。

（1）ビジュアル型プログラミングアプリ Springin'

　私たちのワークショップでは、しばしばプログラミング用のツールとしてScratch や Springin' を用います。いずれもビジュアル型プログラミングと呼ばれるものに分類されます。Springin' は、株式会社しくみデザインが提供する iOS 用のビジュアル型プログラミングアプリです。小学校プログラミング教育でしばしば使われる Viscuit のように、描画した図形や取り込んだ写真に対して、それをどのように動かしたいか、どのように反応させたいか等の属性を設定していくことで"ワーク"（作品）を制作していきます。機能や設定する属性がアイコンで示されるなど、インターフェイスがビジュアルで直感的に扱えるようになっており、使い方を習得するまでの時間を極力短くし、プログラミングを楽しめるようにデザインされています。

　また、制作したワークは、アプリ内からアクセスできる"マーケット"で共有することができます。自分が作ったワークを公開することもできますし、他の人が公開したワークで楽しんだり、自分のワーク作成のヒントにしたりすることもできます。

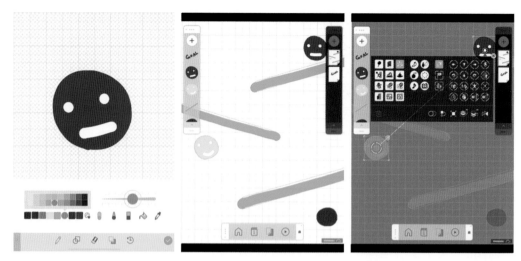

図2　Springin'でのワーク制作。（左）描画機能を使って"アイテム"を作成し、（中央）"シーン"にアイテムを配置、（右）各アイテムや背景に属性を設定させる、を行きつ戻りつすることで、ワークを制作する。

（2）ワークショップの場の設定

　冒頭に紹介したワークショップでは、小学校4～6年生18名を対象にSpringin'を使って「ピタゴラ装置を作ろう」というテーマで実施しました。約3時間の活動です。ピタゴラ装置とは、NHKのEテレ「ピタゴラスイッチ」で紹介される、ビー玉が坂道をはじめとする仕組みの中を動いていく装置です。このテーマを設定したのは、Springin'を使った活動でしばしば用いられる「コロコロゲーム」の延長上に位置付けることができ、活動をスムーズに展開できるためです。

　ワークショップでは、場ができるだけ「原っぱ」的になるよう心がけました。参加者に一人1台のiPadを渡し、スタッフ・参加者ともに自己紹介をしてから、Springin'を紹介し、「ピタゴラ装置」を作ること、そして「4つのたいせつにしてほしいこと」を伝えました（**図3**）。それらは、私たちの仮定する自発的な試行錯誤や探索、協働のプロセス（**図4**）を促すことを意図していました。

たいせつにしてほしいこと			
ためしてみよう	**さがしてみよう**	**いっしょにやってみよう**	**みんなでたのしもう**
ためしてみれば，うまくいくかどうか，自分が考えたようになっているかどうかがわかります。うまくいかなくても，だいじょうぶ。プログラムはかんたんに作りかえることができるし，しゃしんもとりなおせます。たくさんうまくいかないほうが，「うまくいく」に近づくことができます。だから，思いついたことは，どんどんためしてみよう！	Scratchには，いろんなブロックやスプライト（Scratchの中のキャラクターのこと），絵，音があります。いろいろさがしておもしろそうなものをみつけよう！ためしてみたら，新しいアイデアがうまれるかも？	ひとりではむずかしいことも，いっしょにやるとできるかも。だれかとそうだんしながら作ったら，自分には思いつかないアイデアがでてくるかも。人が作ったプログラムをみせてもらったら，自分もやってみたいことがあるかも。もちろん，ひとりでプログラムをつくる時間も大切にしながら，いっしょにいるともだちといっしょにやってみよう！	おたがいに声をかけることが，すごいプログラムのきっかけになるかも。「いいね！」「すごいね！」「かっこいいね！」「かわいいね！」「おもしろいね！」「もっと○○にしてみようよ！」「こんなのはどうかな？」と声をかけあって，みんなで楽しくかつどうしよう！

図3　4つの「たいせつにしてほしいこと」

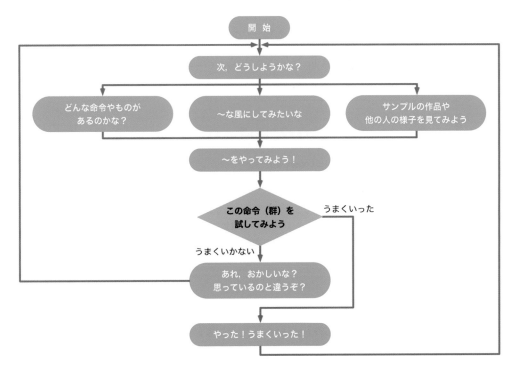

図4　プログラミングにおける試行錯誤プロセス

　まずは、全員で「コロコロゲーム」を作るところから始めました。筆者が、タブレット端末の画面を大型テレビで示しながら説明をしていくのですが、途中で「こんな風にやってみたい」というアイデアができた人は、そこから自分で作ってよいことにしました。途中で進捗状況を紹介する時間を取りつつ活動を進め、最後に近くに座っている参加者同士で作品を紹介し合いました。

（3）ワークショップ中の支援

　ワークショップ開始時に、参加者に自発的な試行錯誤や探索、協働を促すのに加え、ワークショップの最中も、参加者が自発的に活動できるようスタッフが支援しました。学生3名がサポートのスタッフとしてボランティアで参加しました。プログラミング経験がほとんどない人もいることから、「学生さんへのお願い」として事前に子供に関わる際の方向性について説明をしました（**図5**）。基本的な方向性は、「子どもの"おもい"を"かたち"にするサポートを」でした。そのため、「どんなふうにしたい？」を参加者への声かけの基本形とし、決して私たちの側からの指示やアドバイスから入らないようにしました。また、"おもい"を"形"にしていくプロセスには、（1）おもいを持つ、（2）おもいを具体化していく、（3）おもいをプログラムとして形にする、の3つのフェーズがあり、それぞれに対して具体的な声かけの例を示しました。

もちろん、Springin' の使い方という技術的なレベルの問題で参加者の手が止まってしまうこともありました。その場合でも、「どうすればいいかな？」のように探索的に問題解決することを促した上で、どの機能を使えばよいかアドバイスするようにしました。

学生さんにお願い
　子どもの"おもい"を"かたち"にするサポートをお願いします。
● おもいを持てるように
● おもいをことばやイメージにして表せるように
● おもいをプログラムという形にできるように

あくまで子どもがやってみたいことを見つけ，考え，試せるようにする。大人がいたれりつくせりになってしまったら，子どもの活動ではなくなるので注意したい。
　声かけとしては，次のようなものが考えられます。

〈基本の声かけ〉
・どんなふうにしたい？

〈おもいを持てていない子には〉
・ピタゴラスイッチのビデオでやってみたいのはあった？（→ビデオ見てみる？）
・他の人のやっているので面白そうなのをマネっこしてみようよ！
・他の人の作っているので気になるのはある？
・何か絵を描いてみようか。
・何かかたちを描いてみようか。
・試してみたい（Springin'の）動きはある？
・気になるボタンはある？→試してみようか！

〈おもいを表そうとしている子に〉
・次どうなるのかな？
・それからどうなるの？

〈おもいを形にしている子に〉
・なるほど！…な風にしたんやね！
・へぇ〜！…なところを工夫したんやね！
・続きが楽しみ！
・いろいろ試してるね！
・いっぱい作ったね！
・すごいね！
・おもしろい！
・きれい！
・かっこいい！

図5　学生ボランティアへの"お願い"

（4）参加者の反応

　参加者は基本的には自分の制作に集中していますが、わからないときには学生ボランティアに話しかけたり、時に近くにいる参加者の作品を使わせてもらったりしていました。冒頭に示した通り、参加者は「こんな風にしたい」という"おもい"を持ち、市川 [4-13] の指摘した通り、少し作ってみてはテストプレイをし、それを見てまた作る、という試行錯誤（あるいはティンカリング、ラピッド・プロトタイ

ピングといってもよいでしょう）を行っていました。

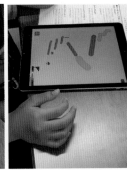

図6　試行錯誤しながらワークを作る参加者

　ある参加者は、蓋のついた囲われたエリアにボールが落ちてきて、ボールが蓋に当たったらその蓋が消え、エリアに入ることができるようになる、さらにエリア内に設置したアイテムにボールが当たったらゴールになる、というワークを作ろうとしていました。なかなかうまくいかずに「あれ？」と言いながら何回もワークを動かしたり、属性の設定を見直したりして、問題を探る様子が見て取れました。

　完成したどのワークも、最初に例示したコロコロボールの原型をとどめているものはなく、実にさまざまなものが出来上がりました。坂道の途中がゆらゆら揺れるようになっているものや、得点が入り遊べるように工夫されているものもありました。さらには、コロコロボールを作り終えて、全く別のワーク——例えばボウリングのようなゲームを作っている参加者もいました。参加者は皆、自分の"おもい"を形にして、自分だけのワークを作っていたことがわかります。

　ワークショップ後のアンケートで、「きょうのかつどうはおもしろかったですか？」という問いに参加者全員が「はい」と回答していたことからも、満足度の高い活動になっていたといえます。「プログラミングをするときに、『つぎはこれをやってみよう！』とか『あっ、こうすればいいんだ！』といったひらめきはありましたか？」という問いに対しては、

- どうやって回転できるようになるか、わからないときに、「アイテムメニューについて」と書いてある紙 (注：私たちが準備した属性一覧とその説明) を見て、ひらめきました。
- 友達のを見て、画面を切りかえたらいいんだと思ってやった。

といった記述が見られました。参照できる資料の提供や他者の存在が、"おもい"を形にするための支援として機能しているといえます。

また、感想として、

● 友だちなどと想だんして（原文ママ）、できて、とても楽しかった。
● できたらスカッとするし、みんなに見せると、ほめられるし、またしたいです。
● 最初は、できるのかわからなかったけど、できてよかった。

といった記述が見られ、「たいせつにしてほしいこと」（図3）の「いっしょにやってみよう」や、私たちのサポート（図5）、中でも〈おもいを形にしている子に〉などが、支援として機能していることがわかります。

「またプログラミングをやってみたいですか？」という問いには、18人中17人が「はい」と答えており、今後のプログラミング学習を動機づけることもできたといえるでしょう。具体的にどんなことをやってみたいか、という問いには、

● パソコンを使ったものをやりたいです
● ゲームを作ってみたい（類似した回答が5件）
● めいろをやってみたい（2件）
● ロボットなどを動かしてみたい
● 今日はやらなかったけど、立体的なものもつくれたらいいと思う
● マップが広いゲームを作ってみたい

との回答が得られ、次の"おもい"を膨らませていることがうかがえました。

4-4 おわりに

　本章では、プログラミングが、論理的な問題解決能力だけでなく、創造的な問題解決能力、具体的には試行錯誤を繰り返しながら作り出していく力——ティンカリングやデザイン思考でいうラピッド・プロトタイピング——の育成につながることを述べました。特に Springin' を使った実践を報告しましたが、Scratch を使ったワークショップでも同様の様子が見て取れました [4-23]。

　もちろん、本当にこれらの力が育成されるのか、その力がプログラミング以外の場面に転移するかについては、実証的な検証を行っていく必要があります。時間の確保の点から、小学校では教科の枠組みで実施されることが多くなることも予想され、目的としての問題解決という意味でのプログラミングを実施することは少なくなるかもしれません。さまざまな制約がありながらも、実際にプログラミング教

育が実施される中で、「定められた手続を効率的にこなしていくことにとどまらず、自分なりに試行錯誤しながら新たな価値を生み出していく」力 [4-2] を育成するためにはどうすればよいのか、これから蓄積されていく、全国の実践者の試行錯誤により生み出される知を結集して、問題を解決していくことが期待されます。

引用・参考文献

[4-1] 文部科学省：2017（平成29）年告示小学校学習指導要領,p.22,東洋館出版社（2017）

[4-2] 小学校段階における論理的思考力や創造性，問題解決能力等の育成とプログラミング教育に関する有識者会議：小学校段階におけるプログラミング教育の在り方について（議論の取りまとめ）,https://www.mext.go.jp/b_menu/shingi/chousa/shotou/122/attach/1372525.htm（2016）（最終閲覧日：2020年10月30日）

[4-3] Computer At School Computational thinking：A guide for teachers,https://community.computingatschool.org.uk/resources/2324/single（2015）（最終閲覧日：2020年10月30日）

[4-4] 藤原伸彦・阪東哲也・曽根直人・長野仁志・山田哲也・伊藤陽介：ティンカリングとしてのプログラミング,鳴門教育大学情報教育ジャーナル,16,pp.21-26（2019）

[4-5] 日本教育工学会（編）：教育工学事典,pp.443-444,実教出版（2000）

[4-6] 藤原伸彦：カテゴリー分類に利用される知識,大阪大学人間科学部博士論文（1998）

[4-7] ミッチェル・レズニック（著）・村井裕実子（著）・阿部和広（著）・伊藤穣一（著）・ケン・ロビンソン（著）・酒匂寛（翻訳）：ライフロング・キンダーガーデン─創造的思考力を育む4つの原則,日経BP社（2018）

[4-8] 阿部和広：初等教育における構築主義を用いたプログラミング教育,システム／制御／情報,62（7）,pp.254-259（2018）

[4-9] 福井昌則・黒田昌克・森山潤：ゲーム・パズルを題材に高校生の創造的態度の育成を図るプログラミング教育の試み,日本教育工学会論文誌,42（Suppl.）,pp.21-24（2018）

[4-10] 朝日新聞DIGITAL：「プログラムを書くこと自体は些末な話」第一人者,利根川裕太さんが語るプログラミング教育の本質,https://www.asahi.com/and_edu/articles/0009/（2020）（最終閲覧日：2020年10月30日）

[4-11] 宮田仁・大隅紀和・林徳治：プログラミングの教育方法と問題解決能力育成との関連─Process-oriented Approachと Content-oriented Approachとの比較を通して─,教育情報研究,12（4）,pp.3-13（1997）

[4-12] 文部科学省：小学校プログラミング教育の手引（第三版）,https://www.mext.go.jp/content/20200218-mxt_jogai02-100003171_002.pdf（2020）（最終閲覧日：2020年10月30日）

[4-13] 市川伸一：コンピュータを教育に活かす,勁草書房（1994）

[4-14] Wilkinson, K.・Petrich, M.：ティンカリングをはじめよう─アート，サイエンス，テクノロジーの交差点で作って遊ぶ（Make:Japan Books）,金井哲夫（訳）,オライリー・ジャパン（2015）

[4-15] Martinez,S.L.・Stager,G（著）・阿部和広（監修）・酒匂寛（訳）：作ることで学ぶ─Makerを育てる新しい教育のメソッド,オライリー・ジャパン（2015）

[4-16] ケリー，T.（著）・ケリー，D.（著）・千葉敏生（訳）：クリエイティブ・マインドセット─想像力・好奇心・勇気が目覚める驚異の思考法,日経BP社（2014）

[4-17] 藤原伸彦・木下光二・森康彦・若井ゆかり・仁木稔明：教員養成における「アクティブ・ラーニング」を実践する力量形成の試み,鳴門教育大学学校教育研究紀要,32,pp.191-198（2018）

[4-18] ブラウン，T（著）・千葉敏生（訳）：デザイン思考が世界を変える─イノベーションを導く新しい考え方,早川書房（2014）

[4-19] ドゥエック，S.C.（著）・今西康子（訳）：マインドセット─「やればできる！」の研究,草思社（2016）

[4-20] 文部科学省：幼稚園教育要領,フレーベル館（2017）

[4-21] 佐々木晃：遊誘財から豊かな遊びを創り出すためにⅢ─保育の質の可視化に挑む─第一章研究の概要,研究紀要,50,鳴門教育大学附属幼稚園（2017）

[4-22] 青木淳：原っぱと遊園地─建築にとってその場の質とは何か,王国社,（2004）

[4-23] 藤原伸彦・阪東哲也・曽根直人・長野仁志・山田哲也・伊藤陽介：地域の児童を対象としたプログラミングワークショップ,鳴門教育大学情報教育ジャーナル,17,pp.48-53（2020）

小学校プログラミング教育の授業設計

　本章では、小学校プログラミング教育の授業を設計するにあたって必要な考え方を説明します。小学校プログラミング教育に関するカリキュラム・マネジメントの実施に向け、小学校プログラミング教育実践の分類や、プログラミングを取り入れた学習活動の学習モデルについて解説します。さらに、カリキュラム・マネジメントの実際として、鳴門教育大学附属小学校での取り組みを紹介します。最後に、学校全体で小学校プログラミング教育に取り組むために必要な校内研修の在り方に触れます。

5-1　教科における小学校プログラミング教育実践の具体像

（1）小学校学習指導要領におけるプログラミングを取り入れた学習活動

　2017（平成29）年の小学校学習指導要領には、小学校プログラミング教育に関する学習活動が明記されています [5-1]。

小学校学習指導要領 総則編
　各教科などの特質に応じて、次の学習活動を計画的に実施すること。
ア　児童がコンピュータで文字を入力するなどの学習の基盤として必要となる
　　情報手段の基本的な操作を習得するための学習活動
イ　児童がプログラミングを体験しながら、コンピュータに意図した処理を行
　　わせるために必要な論理的思考力を身に付けるための学習活動

　これらの記述からはプログラミングは論理的思考力を身に付ける体験的な学習として位置付けられていることがわかります。この論理的思考には、「コンピュータに意図した処理を行わせるために必要な」と記述されていることから、これまでにも国語科等を通じて育成が目指されてきた論理的思考の側面だけではなく、問題解決に向けた「コンピュテーショナル・シンキングの応用」に相当する論理的推論も含んでいると考えられます。また、「プログラミングを体験しながら」と示されていますので、プログラミング的思考育成の観点からアナログな学習活動に取り組むだけでは十分ではありません。基本的にはコンピュータを使い、プログラミングを取り入れた学習活動を設定しなければなりません。なお、コンピュータサイエンス（CS）に関する内容を学習する場合、コンピュータを活用しない「アンプラグド・

コンピュータサイエンス」に取り組むことも考えられます。

　そして、小学校学習指導要領に「コンピュータで文字を入力する」と明記されたことは押さえておきたい重要なポイントです。コンピュータで文字を入力する方法にはキーボード入力以外にも、音声入力や手書き入力があります。学習活動に応じた入力方法を選択できる力を身に付けることも大切です。同時に、中学校、高等学校でのプログラミング学習への接続を考え、キーボードによる文字入力には計画的に取り組む必要があります。

（2）小学校学習指導要領上の教科における小学校プログラミング教育の学習内容の扱い

　プログラミングを取り入れた学習活動の計画にあたっては、「各教科などの特質に応じて」と記載があることからもわかるように、既存の各教科の枠組みで実施することが求められています。今回の小学校学習指導要領（2017（平成29）年告示）の改訂では小学校段階でプログラミングを学ぶ中心教科は新設されませんでした。小学校学習指導要領の「指導計画の作成と内容の取扱い」には、算数科、理科、総合的な学習の時間で、プログラミングに関する学習内容が次のように示されています（下線は筆者による）。

算数科　P.92

　第1章総則の第3の1の(3)のイに掲げるプログラミングを体験しながら論理的思考力を身に付けるための学習活動を行う場合には、児童の負担に配慮しつつ、例えば第2の各学年の内容の〔第5学年〕の「B図形」の(1)における正多角形の作図を行う学習に関連して、正確な繰り返し作業を行う必要があり、更に一部を変えることで色々な正多角形を同様に考えることができる場面などで取り扱うこと

理科　P.110

　第1章総則の第3の1の(3)のイに掲げるプログラミングを体験しながら論理的思考力を身に付けるための学習活動を行う場合には、児童の負担に配慮しつつ、例えば第2の各学年の内容の〔第6学年〕の「A物質・エネルギー」の(4)における電気の性質や働きを利用した道具があることを捉える学習など、与えた条件に応じて動作していることを考察し、更に条件を変えることにより、動作が変化することについて考える場面で取り扱うものとする。

総合的な学習の時間　P.182

　第1章総則の第3の1の(3)のイに掲げるプログラミングを体験しながら論理的思考を身に付けるための学習活動を行う場合には、プログラミングを体験することが、探究的な学習の過程に適切に位置付くようにすること。

算数科と理科では、「例えば」と記述されていますので、記載されている学習内容はあくまで例示としての扱いであり、必ず実施するものではありません。一方、上述した文字入力等の情報手段の基本的な操作の習得とプログラミングに関する学習は必ず実施しなければなりません。

　まず、算数科の例示に関しては、第5学年の正多角形の作図を行う学習活動で、プログラミングを活用し、正確な繰り返し作業を行えることに着目しています。繰り返し作業が取り上げられていることから、アルゴリズムの基本である反復処理を扱うと考えられます。このような算数科でのプログラミングを取り入れた学習活動として、ビジュアル型プログラミング言語 Scratch のうち、Scratch3.0 を利用できます [5-2]。学習展開例として、Scratch によるプログラミングに取り組む前に正多角形の性質を学びます。そして、既習の正多角形の性質を参考にして、プログラミングによる作図に取り組むことが考えられます。先に正多角形の性質を学習するのは、プログラミングする対象のことを知ることによって、プログラムに必要な要素を検討するプログラミング的思考が働くことが期待できるからです。参考のために、**図1**に Scratch で正三角形をかくためのプログラム例を示します。

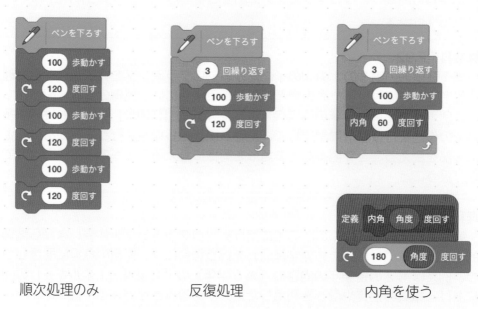

順次処理のみ　　　　　　反復処理　　　　　　　内角を使う

図1　Scratch を活用した正三角形の作図に関するプログラム例

　Scratch は、ブロックを組み合わせてプログラミングします。**図1**の左側の順次処理のみのプログラムを見てください。「○歩動かす」と「○度回す」で構成されており、アルゴリズムの基本である順次処理のみで、正三角形をかいています。また、中央の反復処理のプログラムを見ると、反復処理を使うことによってさらに少ない数のブロックで正三角形をかけることがわかります。プログラムは文章と同じ

で、シンプルでわかりやすいことが大切です。

　さらに詳しくプログラムを確認します。**図1**左側の順次処理のみと、中央の反復処理のプログラムには、「○度回す」の○の部分に「120」と書かれています。このことから、プログラムを実行すると、120度回ると判断できます。一般的に正三角形を作図するときには、正三角形の内角60度を使います。プログラム内に記述した120度とは正三角形の外角の大きさです。Scratch の仕様で、標準で配置されている「○度回す」は、内角として動かせません。小学校段階では外角の扱いはありません。そのため、Scratch を活用するのであれば、「Scratch の操作を説明する際に、内角と外角の関係を補足説明した上で標準のブロックを利用する」方法と、「右側の内角を使うプログラムのように、定義ブロックを利用する」方法のいずれかを選べます。なお、Scratch で作成したプログラムは保存し、児童に配布できます。教員があらかじめ、右側の内角を使うプログラムのように定義ブロックを配置したサンプルプログラムを準備し、児童に配布することで、児童は外角を意識することなく、正多角形の作図に取り組めます。

　次に、理科では、第6学年の電気の利用に関する学習活動が例示されています。学習展開例として、算数科と同様に、プログラミングに取り組む前に電気の利用に関する事前知識を学習し、既習の内容に基づき、条件によって動作が変化するプログラミングに取り組むことが考えられます。電気の利用という理科の文脈を考慮すると、センサや LED、それらを制御できるプログラミング教材を準備することが望ましいです。これらの教材を準備することが難しい場合は、仮想的な場面設定を行い、プログラミングでのシミュレーションに取り組むことも考えられます。例えば、既習の電気エネルギーによって LED が光ることを参考に防犯装置のモデル開発を行うという学習課題を設定し、センサに反応したら LED が光るプログラムを考えるなどの学習活動が考えられます。参考のために、**図2**に Scratch を利用したプログラム例を示します。

　図2には、ネコ、LED、センサ、電池のスプライトが表示されています（Scratchではプログラムで動かす対象のことを「スプライト」と呼びます）。**図2**では、センサのスプライトに分岐処理を取り入れたプログラムを組んでいます。センサがネコのスプライトに触れたなら、「明るくする」メッセージを送る、そうでないとき、つまり、ネコのスプライトに触れていないときは、「暗くする」メッセージを送るようになっています。Scratch では「メッセージを送る」ブロックを利用することで、スプライト間で動作を変化させられます。「明るくする」、「暗くする」メッセージは LED のスプライトで受け取るように設定しています。これらのメッセージが送られると、LED のスプライトが変化します。「明るくする」を受け取ると、LED が光っていることを示すように黄色く表示され、「暗くする」を受け取ると、LED が

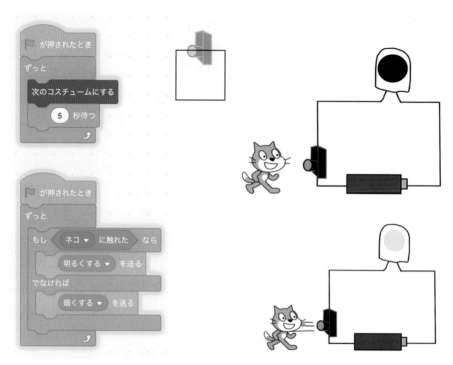

図2　Scratch を利用した電気の利用に関するプログラム例

光っていないことを示すように黒く表示されるようにプログラムを組んでいます。このように紹介した方法でも分岐処理に関するプログラミングを体験できます。しかし、紹介した方法は、あくまでプログラミング教材の準備が難しい場合の疑似体験であり、実際に LED の光らせ方を制御する方が、電気エネルギーを利用していることを意識させられるため、学習効果が高いと推察されます。

　小学校学習指導要領に記載されている算数科、理科に関する学習内容はあくまで例示ですので、このように正多角形の作図や電気の利用の単元で実施する必要は必ずしもありませんが、2017（平成 29）年告示の小学校学習指導要領に準拠している算数科、理科の教科書には、この例示に基づいた学習内容・学習活動が掲載されています。さらに、教科書会社によっては、教科書に掲載された学習活動をサポートするための独自のプログラミング教材が準備されています。まずは共通の指導資料として教科書を利用することで、教員間で小学校プログラミング教育に関する共通理解を図ることができます。

　最後に、総合的な学習の時間におけるプログラミング教育は、探究的な学習の過程に適切に位置付くように実践することが示されました。特筆すべきこととして、2017（平成 29）年告示の小学校学習指導要領には、総合的な学習の時間で情報に関する学習活動を扱うことが明記されたことが挙げられます。そのため、小学校プログラミング教育だけではなく、キーボード入力等、情報手段の基本的な操作の習得、情報モラル（情報セキュリティ）に関する学習内容は、基本的には総合的な

学習の時間で実施するものと考えられます。

> **総合的な学習の時間　P.181**
> （3）探究的な学習の過程においては、コンピュータや情報通信ネットワークなどを適切かつ効果的に活用して、情報を収集・整理・発信するなどの学習活動が行われるよう工夫すること。その際、コンピュータで文字を入力するなどの学習の基盤として必要となる情報手段の基本的な操作を習得し、情報や情報手段を主体的に選択し活用できるよう配慮すること。

> **総合的な学習の時間　P.182**
> （9）情報に関する学習を行う際には、探究的な学習に取り組むことを通して、情報を収集・整理・発信したり、情報が日常生活や社会に与える影響を考えたりするなどの学習活動が行われるようにすること。

　総合的な学習の時間でのプログラミングを取り入れた学習活動として、機械学習による画像認識に取り組むことが考えられます。石原が開発した ML2Scratch[5-3] を活用することで、簡単に AI 技術の一つである機械学習に触れられます。学習展開例として、機械学習によって 2 つのイラストを識別する体験を行います。参考のために、**図3**に機械学習を取り入れたプログラム例を示します。

　機械学習による画像認識のプログラミングのために、カメラが必要です。まず、ML2Scratch を使うために、Chrome ブラウザ（推奨環境）で、https://stretch3.

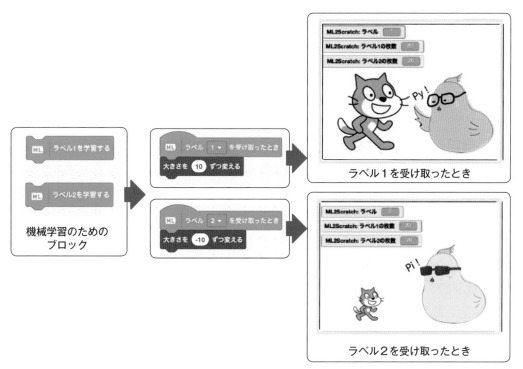

図3　ML2Scratch を活用した画像認識の機械学習のプログラム例

github.io/ にアクセスします。アクセスした際には、カメラの使用許可に関する
ダイアログが表示されますので、「許可」を選択します。そして、画面左側部ブロッ
クパレットの下部にある「拡張機能」をクリックし、ML2Scratch を選択します。
ML2Scratch を選択すると、ブロックパレットに ML2Scratch 用のプログラムが
追加されます。

　まずは、1つ目のイラストを機械学習させます。右上部ステージ上に機械学習さ
せたいイラストを手元に用意し、カメラで映して表示します。「ラベル1を学習す
る」のブロックをクリックすると、ステージに表示された画像が撮影されていきま
す。1つ目のイラストをさまざまな角度から20枚程度撮影します。ブロックパレッ
トの ML2Scrach にある「ラベル」、「ラベル1の枚数」の左側にあるチェックボッ
クスにチェックを入れておくと、現在の状況を把握できるので便利です。次に、2
つ目のイラストを機械学習させます。今度は「ラベル2を学習する」のブロックを
クリックし、同じ手続きを行います。最後に、2つのイラストをカメラに映してい
ない状態で、「ラベル3を学習する」のブロックをクリックします。ラベル3の学
習をしておくことで、ラベル1とラベル2の状態の識別がより明確になります。

　機械学習を終えた後、「ラベル1を受け取ったとき」、「ラベル2を受け取ったと
き」の動作をプログラミングします。**図3**左側のプログラムからわかるように、機
械学習している画像をカメラで映すと、ネコのスプライトの大きさが変化するよ
うにプログラミングしています。このように機械学習による画像認識の体験を行っ
た後に、例えば、回転寿司で流れている寿司の状態を識別するプログラム、防犯カ
メラとして特定の人物を識別するプログラム、無人レジで商品を識別するプログラ
ム、野菜の生育状況を識別するプログラム等、児童の興味・関心や地域の課題に応
じた探究的な学習活動を設定できると考えられます。

（3）教科における小学校プログラミング教育実践の分類

　体系的な小学校プログラミング教育の実現に向けて、カリキュラム・マネジメン
トは大変重要です。小学校プログラミング教育に関するカリキュラム・マネジメン
トを検討する際に、目標として取り上げたい資質・能力の観点と、実践予定のプロ
グラミングを取り入れた授業の位置付けを明確にしておく必要があります。小学校
プログラミング教育の授業実践の位置付けを考えるためのフレームワークとして、
『小学校プログラミング教育の手引（第三版）』では小学校プログラミング教育に関
する学習活動が教育課程内・外で6つに分類されています [5-4]。**表1**に6つの分類
を示します。

表1　教育課程内・外による小学校プログラミング教育に関する学習活動の6つの分類

対象	学習活動の分類
教育課程内	A 学習指導要領に例示されている単元等で実施するもの B 学習指導要領に例示されてはいないが、学習指導要領に示される各教科等の内容を指導する中で実施するもの C 教育課程内で各教科等とは別に実施するもの D クラブ活動など、特定の児童を対象として、教育課程内で実施するもの
教育課程外	E 学校を会場とするが、教育課程外のもの F 学校外でのプログラミングの学習機会

　表1を参考にすると、いわゆる小学校の授業におけるプログラミングを取り入れた学習活動は「教育課程内」に相当します。その中でも、各教科に関する小学校プログラミング教育に関する学習活動はA分類、B分類、C分類の3つに分類されています。カリキュラム・マネジメントの対象となるのは、主に「教育課程内」のA分類、B分類、C分類の3つです。

　その他の分類に関しては、これからプログラミングを取り入れた実践を行う上で参考になります。クラブ活動など、特定の児童を対象としている「教育課程内」のD分類はプログラミングを取り入れた学習活動を検討する足がかりになると考えられます。一般的に、クラブ活動は児童の興味・関心に基づき編成されているもので、学級に在籍している人数よりも少なく、異学年で構成されていることが多いです。プログラミングに関する活動を行うクラブ活動を通して、学校で使えるプログラミング教材の確認、プログラミングに関する児童の実態、また一部ではありますが、プログラミングを取り入れた学習活動に対する取り組み方の発達段階による違い等を把握できます。また、プログラミングに関する児童のレディネス調査として、「教育課程外」に分類されているE分類とF分類の体験状況を把握することが考えられます。小学校プログラミング教育の必修化に伴い、プログラミングの体験機会は増えています。事前に児童のレディネスを把握することで、単元計画の見直しや細やかな指導の手立てを行うための資料を得られます。

（4）教育課程内のA分類、B分類、C分類の比較

　低学年から中学年、高学年と発達段階を考慮した指導計画を立てる上ではA分類、B分類、C分類の3つの分類に注目する必要があります。小学校の授業におけるプログラミングを取り入れた学習活動に対応する3つの分類の詳細を比較するために、**表2**にそれぞれの特徴を整理しました。

　まずは、各教科との関係が具体的に示されているA分類とB分類の違いに着目します。A分類は学習指導要領に例示されている単元等で実施するものと示されてお

表2　「教育課程内」のプログラミングに関する学習活動の３分類の特徴比較 [5-5]

項目	A分類	B分類	C分類
学習指導要領の記述	あり 算数：正多角形 理科：電気の利用 総合的な学習の時間	なし	なし
授業の主目標	各教科の学び	各教科の学び	プログラミング的思考、プログラムのよさ等への「気付き」、コンピュータ等を上手に活用しようとする態度等
活動の種類	プラグド	プラグド	プラグド・アンプラグド
学習モデル	各教科の問題解決	各教科の問題解決	情報領域の問題解決
学習段階	活用（主に３次）	活用（主に３次）	習得（主に１、２次）

り、一方、B分類は学習指導要領に例示されてはいないが、各教科等の内容を指導する中で実施するものと示されています。つまり、A分類とB分類の違いは小学校学習指導要領で例示が「あり」か「なし」かです。具体的にいえば、A分類には算数科５年生の正多角形と、理科６年生の電気の利用、総合的な学習の時間のみが含まれ、B分類にはA分類以外の全ての教科と単元が含まれます。

　A分類とB分類に共通している点は各教科の学びをより深めることを目標としていることが挙げられます。総合的な学習の時間を除き、各教科の目標を達成するためには、各教科の特性に応じた問題発見・解決学習に取り組む必要があります。そのため、コンピュータを使いながら、各教科の学びの特性にあったプログラミングを取り入れた学習方法を選択する必要があります。これからの小学校プログラミング教育実践の充実に向けては、A分類とB分類に関する教育内容の開発が重要であると考えられます。

　C分類は「各教科等とは別に実施するもの」とされており、単元・授業の目標を各教科の目標としなくてもよい、言い換えれば、教科の枠組みを超えて実践できるものと考えられます。この点、プログラミングを体験し、各教科の深い学びにつなげることを目標としているA分類とB分類とは大きく異なります。C分類については、『小学校プログラミング教育の手引（第三版）』に下記の３つの具体的な取り組みが挙げられています。

1) プログラミングの楽しさや面白さ、達成感などを味わえる題材などでプログラミングを体験する取組
2) 各教科等におけるプログラミングに関する学習活動の実施に先立って、プログラミング言語やプログラミングの技能の基礎についての学習を実施する取組
3) 各教科等の学習と関連させた具体的な課題を設定する取組

教育課程内でC分類を実践するので、どの教科で実施するかを決める必要があります。C分類の具体的な取り組みのうち、1）と2）は主に総合的な学習の時間での実施が想定されます。C分類の実践で取り組むコンピュータの働きに気付かせたり、コンピュータの仕組みを理解させたりする学習活動としては、コンピュータを使わない学習活動「アンプラグド・コンピュータサイエンス」を取り入れた学習も効果的と考えられます [5-6]。そして、3）に関しては、各教科での実施が想定できます。各教科の学習に合わせた課題設定を行うことで、教科との関連性を意識したプログラミングを取り入れた学習活動が設計できると考えられます。例えば、生活科や理科で生物のことを学習した後に、プログラミングを利用して、生物の動きを表現する学習活動が考えられます。授業の目標としてはプログラミングのよさや働きに焦点化されますが、生物の動きを表現するためには、生物の動きをより詳しく観察する必要があるので、副次的な効果として、生物への興味・関心が高まることが期待できます。

5-2 小学校プログラミング教育における単元設計の考え方

　小学校プログラミング教育での単元設計に関して、A分類とB分類のプログラミングに取り組む学習段階の具体的な方向性として、以下のように提案できます。

- 1次の学習活動で、単元の導入を行う。
- 2次の学習活動で、その教科の見方・考え方を培う。
- 3次の学習活動で、その教科の見方・考え方を活かしたプログラミングを取り入れて問題解決する学習活動に取り組む。

　このように学習段階を設定することで、事前に各教科で学んだ知識がプログラミングの学習活動を通して活用されることによって生きた知識となり、各教科の深い学び・確実な学びにつながることが期待できます。しかし、コンピュータに関する基本的な知識、プログラミングのスキルが十分に身に付いていない状態では、プログラミングを利用しながら、A分類とB分類で設定した各教科の学習目標を達成することは難しいかもしれません。これまでに説明したように、C分類は小学校の既存教科の枠組みを超えた内容で実施できます。A分類とB分類のプログラミングを取り入れた学習活動に円滑に取り組めるようにするためには、コンピュータ等に関する基本的な知識、プログラミングに必要なスキルを身に付けることを目指すC分類の実践に、計画的に取り組む必要性があることが指摘できます。

　以上のことを踏まえ、教科における小学校プログラミング教育の単元構想のイメージを**図4**に整理しました。小学校プログラミング教育に関するカリキュラム・

マネジメントを適切に実施していない場合、実践ごとにプログラミング、コンピュータ等に関する操作スキル習熟の時間が必要になります。このことは、意図せずして、プログラミングの操作スキル習得のために貴重な時間を費やしてしまうことになりかねません。さらに言えば、C分類の実践に何時間取り組むかについては参考となる指標がなく、各学校裁量でC分類の実践を検討することは大変困難であることが推察されます。そのため、全国の小学校で一定の水準で実施できるよう、プログラミングを含めた情報に関する専門的な教科を設置する必要性があることが指摘できます。

1）事前学習としてC分類に取り組んだ後にA・B分類を実施する展開例

①事前学習としてのC分類（前単元）

単元導入 （情報領域）	プログラミング	振り返り

②A・B分類（総合以外）の展開（本単元）

単元導入	教科の見方・考え方（教科の学び）	【活用】プログラミング

2）C分類に取り組まない場合の展開例

単元導入	教科の見方・考え方（教科の学び）	【操作習熟】プログラミング	【活用】プログラミング

3）総合的な学習の時間の展開例

単元導入	課題の把握	【操作習熟＋活用】プログラミング

図4　小学校プログラミング教育の単元設計

5-3 小学校プログラミング教育カリキュラム・マネジメントの提案

（1）小学校プログラミング教育における2つの学習モデル

　小学校では、プログラミングを学ぶ中心となる教科が設置されておらず、各教科で実践することになっているため、各教科の目標とコンピュータの理解のどちらをねらいとして設定しているかが不明確になることが危惧されています [5-7]。そのため、1時間の授業の中で達成すべき目標が明確になるように、プログラミング的思考を育成する段階と、活用する段階に分ける必要があると考えられます。この2つの段階を考慮した学習モデルが提案できます [5-8]。**図5**に提案する学習モデルを示します。

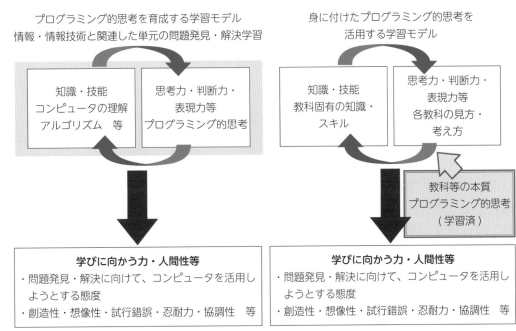

図5 プログラミング的思考に着目したプログラミングを取り入れた学習モデル

　まず、**図5**の左側にあるプログラミング的思考を育成する学習モデルとして、コンピュータやプログラミングを含む情報・情報技術と関連した単元での問題発見・解決学習に取り組むことが考えられます。例えば、総合的な学習の時間は教科の枠組みではなく、探究的な学習の中で、情報・情報技術に触れられる単元を設定できると考えられます。これらの単元ではプログラミング的思考の育成と同時にコンピュータの仕組みを理解させるために、プログラミングを体験することが考えられます。また、コンピュータの仕組みを理解させることに着目すれば、コンピュータを使わずに情報科学を教えるための学習方法としてのアンプラグド・コンピュータサイエンスを取り入れた学習活動を設定できます。さらに、発展的な学習活動として、技術リテラシー育成に関する問題発見・解決学習を設定することも可能です。このように、プログラミング的思考を育成する学習モデルに基づく学習活動に十分に取り組んでから、プログラミング的思考を活用する学習モデルに進むことが重要です。

　次に、**図5**右側の身に付けたプログラミング的思考を活用する学習モデルでは、事前に学んだプログラミングや情報・情報教育に関する領域の学習を活用して、各教科の深い学び、確実な学びにつながるコンピュータを使ったプログラミングを取り入れた学習に取り組みます。身に付けたプログラミング的思考を活用する学習モデルに関しては、コンピュータを使わないアンプラグド・コンピュータサイエンスによる学習を取り入れることには留意する必要があります。アンプラグド・コンピュータサイエンスの考え方を矮小化して捉え、コンピュータを使わなくても、プ

ログラミング的思考を育成・活用できると考えてしまうことが危惧されます。アンプラグド・コンピュータサイエンスとはコンピュータを使わずにコンピュータサイエンスの理解を深めるために開発された学習方法です [5-6]。小学生でもデータやアルゴリズム、手続きの表現等のコンピュータの基本原理をわかりやすく学ぶことができるだけでなく、中学生、高等生にも学習効果があると報告されています。アンプラグド・コンピュータサイエンスに取り組むことで、コンピュータの基本原理を理解する効果、つまりプログラミング的思考を「育成」する効果は期待できます。しかし、アンプラグド・コンピュータサイエンスに取り組むことでプログラミング的思考を「活用」していると捉えるのは少々乱暴です。さらに言えば、教科等の本質を扱う授業目標に対して、コンピュータの基本原理を理解させるためのアンプラグド・コンピュータサイエンスの手法を取り入れた場合、目標と学習活動が捻れてしまう危険性があります。換言すれば、コンピュータを活用したプログラミングに取り組むことが難しいという理由で、アンプラグド・コンピュータサイエンスに取り組むことは、授業の目標が不明確になる主要因となりえます。小学校プログラミング教育の文脈の中で、プログラミング的思考を「活用」する学習に向けては、コンピュータを使ったプログラミングを取り入れる学習活動を設定することが重要です。

このように提案した学習モデルを当てはめることによって、1時間の授業の中で焦点化したい目標が明確になり、プログラミングを取り入れた効果的な学習活動の検討につながると考えられます。小学校プログラミング教育は既存の教科の枠組みで実施しますが、コンピュータの仕組みやプログラミングといった、既存の教科の枠組みには含まれていない情報・情報教育に関する学習内容を扱う必要があります。提案されたプログラミング的思考に着目した学習モデルに基づき、プログラミング的思考の「育成」と「活用」のどちらに重きを置いているかを意識することによって、教員は自信をもってプログラミングを取り入れた学習に取り組めるようになると考えられます。

（2）小学校の各教科でプログラミングを無理なく取り入れられる単元の提案

図5に示した学習モデルを参考に、情報・情報技術と関連し、プログラミング体験を無理なく取り入れられる単元として、小学校3年生の社会科：歴史と人々の生活「市の様子の移り変わり」、小学校5年生の社会科：現代社会の仕組みや働きと人々の生活「情報を生かして発展する産業」、小学校6年生の家庭科：B 衣食住の生活「快適な住まい方」、C 消費生活・環境「環境に配慮した生活」等が提案できます。

例えば、小学校3年生の社会科「市の様子の移り変わり」では、生活の道具を調

べる学習活動が示されています。昔の生活の道具と、今の生活の道具の比較によって、道具、つまり技術と人の関わりについて学ぶ学習活動として、今の生活を支える道具であるコンピュータの働きに関する学習内容を自然に取り上げられると考えられます。同様に、小学校5年生の社会科「情報を生かして発展する産業」では、情報がどのように使われているかを考える学習活動として、プログラミングを取り入れられます。私たちの生活、社会と技術とのつながりを考えながらプログラミングの体験をすることで、コンピュータの仕組みの理解、プログラミング的思考の育成につなげられると推察されます。さらに、ペアやグループによる活動を入れたプログラミングの体験により、協調性の育成等にもつなげることができます。そして、6年生の家庭科では、B 衣食住の生活「快適な住まい方」の学習でスマートLEDを利用したプログラミングの体験をすることにより、コンピュータの働きのよさに触れながら、家庭科の内容である明るさと生活環境との関係を無理なく扱えます。また、C 消費生活・環境「環境に配慮した生活」の学習と組み合わせ、電気エネルギーを節約するプログラミングを行うことが考えられます。このような学習活動に取り組むことで、児童のプログラミング的思考を育成しながら、私たちの身の回りにある冷暖房機器を制御するコンピュータの働きに気付くことや、これから必要となる技術への考えを深めることができると考えられます。

　身に付けたプログラミング的思考を活用できる学習内容は、主に論理的思考の育成に関する内容と、主に創造性の育成に関する内容に大別できます。論理的思考の育成に関する内容は多いと考えられますが、代表的なものとして小学校学習指導要領に例示された5年生算数科「正多角形」、6年生理科「電気の利用」等が挙げられます。他にも、論理的思考の育成に加えて、教科の深い学びが期待できる単元として、国語科の言語活動：物語の好きな場面をアニメーションで制作する学習活動、算数科の数学的活動：シミュレーションを用いて結果を確かめる活動、児童が直接操作することが難しい「速さ」等を扱う活動、問題解決の過程や結果をアニメーションで表現する活動等が挙げられます。このように、児童の論理的思考プロセスを可視化する学習においては、学習ツールとして「プログラミング」体験を取り入れることが大変有効であると考えられます。

　創造性の育成に関する学習内容としては、生活科「身近にあるもので工夫した遊びづくり」が挙げられます。身近にあるものとしてコンピュータを取り上げ、プログラミングの体験を通して、みんなで楽しく遊ぶための工夫を取り入れた簡単な遊びやゲームを作る活動が考えられます。音楽科「音楽づくり」では、設定した条件に基づいて、即興的に音を選択したり、組み合わせたりして表現するプログラミングの体験が考えられます。プログラミングを活用することで、楽器の演奏スキルが十分に身に付いていなくても、作曲・編曲の体験ができます。図画工作科のA 表

現「造形遊び」では、ティンカリングの考えに基づくプログラミングを取り入れた学習活動が考えられます。LED、スピーカ、サーボモータ等の出力装置をうまく組み合わせることで、これまでにはない新しい表現を見つけられる可能性があります。体育科「表現運動」ではダンスの構想やフォーメーションを練るときにプログラミングを取り入れられます。人間は動くことで疲労しますが、コンピュータは疲労しません。プログラミングを活用してダンスやフォーメーションに関する簡単なシミュレーションをすることで、よりよいアイデアを生み出せるかもしれません。

　ここで提案したプログラミングを取り入れた学習活動では、児童の中で、直面した問題から重要な部分を「抽象化」して、課題として抽出（設定）する思考が働きます。そして、設定した課題を小さい動きに「分解」したり、「一般化」のように既知の解決方法を適用したり（例えば、サンプルプログラムから推測し、適切な動作に変更する等）する思考プロセスが働きます。最終的には、プログラムが適切に処理されるように、「アルゴリズム」を検討する思考プロセスを経ると考えられます。このことから、プログラミングを取り入れた学習活動とプログラミング的思考は深い関係にあることがわかります。

　プログラミング的思考は、プログラミングに関連したものに限る思考方法ではなく、汎用的な思考方法と考えられています。また、プログラミングだけがプログラミング的思考を育成するための方法ではありません。しかし、プログラミングを取り入れた学習活動は、プログラミング的思考を含め、小学校プログラミング教育を通して育成したい資質・能力に対して高い学習効果を発揮することが期待できます。そのため、小学校段階でプログラミングを取り入れた学習活動に無理なく取り組める単元開発は、引き続き取り組むべき重要な課題といえます。

（３）鳴門教育大学附属小学校におけるカリキュラム・マネジメントの実際

　小学校プログラミング教育に関するカリキュラム・マネジメントの実際として、鳴門教育大学附属小学校の取り組みを紹介します。鳴門教育大学附属小学校では、「知：よく考える子ども」「徳：思いやりのある子ども」「体：たくましく生きる子ども」を調和的に育むことを目指しています [5-9]。小学校での教育を通して、将来、社会で活躍する児童の姿までを思い描き、自らを育てる力、「自己学習力」を高めることを中心とした教育活動に取り組んでおり、単元を構想する上での基本原理として、児童の生活に根ざした教育、生活的な学びという理念を大切にしています。

　この理念の実現に向けて、鳴門教育大学附属小学校では、児童の「自己学習力」を高める段階的文化型カリキュラムを設定しています。段階的文化型カリキュラムでは、生活学習をコアの学習としており、生活学習で取り組んだ学習活動が、各教科での学びへと分化し、さらに深化すると考えられています。そこで、児童の発

達段階を、1年生で「であう」、2・3年生で「なじむ」、4・5年生で「わかる」、6年生で「つかう」の4区分で捉え、段階的に教科等にゆるやかに分化させていくように構想しています。このように児童の発達段階を4区分で捉えることに関して、1年生では幼小接続、6年生では小中連携を意識するというねらいもあります。

　小学校プログラミング教育の内容を反映したカリキュラム・マネジメントの実施にあたって、これまでに鳴門教育大学附属小学校で策定していた、ICTを活用した授業実践に関する「コンピュータを活用する力」カリキュラムをもとにしました。広くプログラミングを含めたICTを活用する力として捉えられ、情報活用能力を基盤とする「コンピュータを活用する力」カリキュラムについて、発達段階の4区分で再整理したものを、**表3**に示します。

　上述した2つのプログラミング的思考に着目した学習モデルのうち、プログラミング的思考を育成する学習モデルに着目し、情報技術の領域に関する問題解決に無理なく取り組める教科、単元が検討されました。児童らの興味・関心を高めながらプログラミングを体験できる単元を検討し、まずは社会科第3学年の「今の道具、昔の道具（現在は「市の様子のうつり変わり」）」と、総合的な学習の時間での実践が計画されました。次に、学習指導要領に例示があり、教科書に具体的なプログラミングに関する内容が記載されている算数科第5学年の「正多角形」、理科第6学年の「電気の利用」が取り上げられました。そして、発達段階や教科の特性などを考慮しながら、各区分の位置付けが検討されました。

　小学校プログラミング教育を含めた「コンピュータを活用する力」カリキュラムはスタートラインに立ったばかりです。現状ではプログラミング的思考を育成する学習モデルが中心になっていますが、今後、身に付けたプログラミング的思考を活用する学習モデルにも取り組むことが求められます。体系的な小学校プログラミング教育の実現に向けて策定されたカリキュラムを通して、1～6年生でどのような力が身に付いたのかが検証され、さらにブラッシュアップされていくものと考えられます。

（4）情報環境の整備に向けて：鳴門教育大学附属小学校の情報環境

　情報環境の整備の参考のために、鳴門教育大学附属小学校の情報環境について説明します。鳴門教育大学附属小学校では、鳴門教育大学情報基盤センターと連携しながら、2018年度に児童用タブレット端末とスタイラスペンを低学年・中学年・高学年単位で50台程度、計150台、各教室に無線アクセスポイントを整備しています。タブレット端末とスタイラスペンは複数のクラスで同時にタブレット端末を活用できるように、2つのタブレット端末保管庫に分けて収納しています。現時点では2018年に整備したタブレット端末は共用のため、基本的には事前予約制を採用しています。タブレット端末の予約には校務支援システムを利用していま

表3　情報活用能力育成を基盤とした「コンピュータを活用する力」カリキュラム表

学年	段階	ねらい	思考力・判断力・表現力等 情報の科学的な理解	知識・技能 情報活用の実践力	学びに向かう力・人間性等 情報社会に参画する態度
6	つかう	コンピュータを活用して、情報を収集・整理したり、発信したりする。	ICT、情報モラル、情報セキュリティの基本的な理解 **理科**「発電と電気の利用」センサ、アクチュエータ、アルゴリズム（順次・反復・分岐）	コンピュータを活用した、意図した表現物の作成 **国語科・総合的な学習の時間**「生きる」プレゼンテーション（※キャリア教育） **英語科**「Who is your hero」プレゼンテーションクイズ **音楽科**「プログラミングでカノンを編曲しよう」	情報に対して責任ある態度をとり、正しい使い方をする。 コンピュータウイルス、ネット詐欺　　　など **道徳**「スマホの使い方」（※出前講座） **道徳教育（情報モラル教育）**「あなたはどう考える？」
5 4	わかる	コンピュータを活かして必要な情報を収集・整理したり、相手に伝わりやすいように表現したりする。	コンピュータの働き、ネットワークの基本的な理解 **図画工作科**「コロコロアクション」アルゴリズム（順次・反復）、入力装置・演算装置・出力装置 **家庭科**「売買契約を学ぼう」アルゴリズム（順次・反復）、メッセージング（※消費者教育） **算数科**「多角形」アルゴリズム（順次・反復） **算数科**「合同な図形」アルゴリズム（順次・反復） **総合的な学習の時間**「だれもが関わり合えるように」入力装置・演算装置・出力装置、アルゴリズム（順次・反復）	情報の引用・利用（著作権）、インターネット検索、コンピュータを活用した簡単な表現物の作成 **英語科**「行きたい国を紹介しよう I want to go to ～」プレゼンテーション **英語科**「プログラミングマップで学校を案内しよう」音声の録音・再生 **総合的な学習の時間**「徳島博士になろう」調べ学習 **国語科・総合的な学習の時間**「だれもが関わり合えるように」プレゼンテーション（※特別支援教育）	情報に対して、正しい使い方をする。 著作権、不正アクセス、不正利用　　　など **道徳科**「携帯電話の落とし穴」
3 2	なじむ	コンピュータを使って簡単な表現をしたり、必要な情報を収集したりする。	コンピュータの基本的な仕組み、セキュリティの必要性の理解 **社会科・総合的な学習の時間**「かわる道具とくらし」入力装置・演算装置・出力装置、アルゴリズム（順次・反復） **生活科**「○○ムシをうごかそう」デジタル化、アルゴリズム（順次・反復） **国語科**「漢字パズル」アルゴリズム（順次・分岐） **体育科**「生活を見直そう」IoT センシング技術	コンピュータの基本的な操作、画像表現、ファイル保存（リネーム）・蓄積、簡単な文字入力、移動 **国語科**「ローマ字」キーボード入力 **生活科**「やさいをそだてよう」カメラ、ファイル保存・蓄積 **生活科**「おおきくそだて冬やさい」カメラ、ファイル保存・蓄積	自分や友達の情報を守る基本的な使い方をする。 認証、ID とパスワード、利用時間　　　など **道徳**「やくそくをまもってタブレットを使おう」
1	であう	コンピュータを使うことを経験する。	コンピュータの基本的な仕組み：入力装置（マウス、キーボード、タッチ） **図画工作科**「かいてうごかそう」入力装置、出力装置、アルゴリズム（順次）	コンピュータの基本的な操作、コンピュータの起動／終了 **生活科**「がっこうたんけん」メディアセンターの使い方、入力操作	自分の情報を守る基本的な使い方をする。 個人情報 **道徳科**「いかのおすし」（※防犯教育）

※［5-9］の一部を著者改変、色つき部は第Ⅱ部で紹介

す。学年に配当されるタブレット端末の予約が重なっているときは、使用予定のない学年のタブレット端末を利用するなど流動的に対応しています。

　タブレット端末の利用方法に関しては、授業支援アプリ「MetaMoJi ClassRoom」（株式会社 MetaMoJi）をベースに考えています。MetaMoJi ClassRoom は児童ごとに QR コードでログインします。児童名でログインすると、クラウド上のサーバに各児童のファイルが保存されます。しかし、MetaMoJi ClassRoom 以外で作成した発表スライドや文書等は同クラウド上には保存できません。タブレット端末内にデータを保存する運用にすると、作業したタブレット端末を他のクラスが活用する場合、作業が続けられないため、作業ファイルを共用の保存場所に保存することで、どのタブレット端末からでも作業できるようにしています。なお、タブレット端末利用における情報セキュリティに対する意識を高めつつ、低学年でもログインできるようにするために、タブレット端末のログイン方法として 4 桁の PIN コード入力を採用しています。

　プログラミング教育のための情報環境整備として、タブレット端末にはビジュアル型プログラミング環境「Scratch 3 (旧：Scratch Desktop)」をインストールしており、インターネット環境が不安定な場合でも、ビジュアル型プログラミング言語「Scratch」を取り入れた学習活動にスムーズに取り組めるようにしています。プログラミング教材としては「micro:bit」（Micro:bit 教育財団）と、その周辺機器として、スピーカ、サーボモータ、センサ（気温、湿度、気圧）、四輪車キットを整備しています。

　これらの ICT 機器の管理に関しては、鳴門教育大学附属小学校の情報担当の教員が 1 名、ICT 支援員が 1 名配置されています。ICT 支援員は 10 時から 16 時までの時間帯で、週に 2 回来校し、ICT 機器の設定調整、トラブル時の調査、ICT を活用した授業のサポートを行っています。情報セキュリティを担保するための ICT 機器のアップデートや設定変更に関しては、鳴門教育大学情報基盤センターと連携を図っており、オープンソースの構成管理ツール「Ansible」を活用した一括管理を行っています。Ansible はインターネット環境があり、Python3.5 以上、SSH 接続が利用できれば、活用できます。Playbook に記述し、実行することで、リモートでたくさんの端末に同じ設定を入れたり、端末に設定されている情報を確認したりできます。Ansible を活用することで、ソフトウェアのアップデートや PC 及びタブレット端末のメンテナンスにかかる負担を軽減できます。

（5）小学生向けプログラミング教材の活用に向けて

　小学校プログラミング教育の必修化に向けての議論がスタートして以来、たくさんの小学生向けプログラミング教材が開発されています。どのようにして、活用す

るプログラミング教材やプログラミング言語を選択すればよいでしょうか。

　山本の研究グループでは、プログラミングするための入力に PC やタブレット端末を必要とするもの / しないもの、プログラミングの結果を確認するための出力に PC やタブレット端末を必要とするもの / しないものによって、小学生向けプログラミング教材を分類しています [5-10]。**図6**に、入力・出力の観点に基づき、整理された小学生向けプログラミング教材の分類を示します。

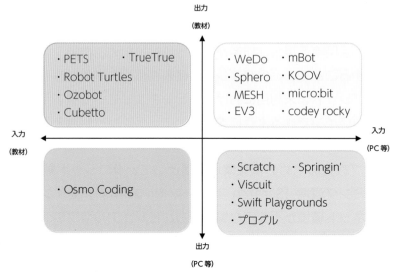

図6　小学生向けプログラミング教材の分類 [5-10] を著者一部改変

　左上に配置されたグループは、入力・出力ともに、PC やタブレット端末ではなく、プログラミング教材で完結する教材です。左下に配置されたグループは、入力はプログラミング教材で行い、プログラミングの結果は PC やタブレット端末で表示される教材です。図の左側に配置されたこれらの教材は、プログラムに触れられることからタンジブル型プログラミング教材と呼ばれています。右上に配置されたグループは、入力は PC やタブレット端末で行い、プログラミングの結果はプログラミング教材で確認する教材です。右下に配置されたグループは、入力・出力ともに、PC やタブレット端末で完結する教材です。

　活用するプログラミング教材の選択に関して、学校の既有のリソースをそのまま活用できることが第一と考えられます。右下に配置されたグループのプログラミング教材・プログラミング言語は、PC さえあればプログラミングを取り入れた学習活動に取り組むことができます。小学校プログラミング教育の文脈では Scratch を活用した実践の情報が充実しています。先ほどから紹介しているように、Scratch はブロックを用いてプログラミングします。その他のビジュアル型プログラミング言語・環境も、Scratch と同じようなブロックを用いることが多く、Scratch と使用感、操作感が似ています。まずは Scratch の活用を基本とし、操

作に慣れることで、その他のビジュアル型プログラミング言語の学習へのスムーズな移行が期待できます。発達段階を踏まえ制御対象・内容を考慮すると、小学校段階でのプログラミングは主にビジュアル型プログラミング言語とし、中学校、高等学校ではテキスト型プログラミング言語に移行することが望ましいと考えられます。

　次に、プログラミングを活用して現実の課題を解決するためには、プログラミングの結果を現実世界で表現できる、言い換えれば、プログラミング教材で確認できるものが効果的と考えられますので、右上に配置されたグループのプログラミング教材を活用するとよいでしょう。具体的には、人の動きの変化、気温や湿度の変化等に応じた処理を行う学習活動に取り組むことが考えられますが、いくつかのセンサに対応しているプログラミング教材を選ぶことで、現実世界で起こる条件変化に対応した処理を行えます。ただ、条件に対応して制御できる出力装置を多く使用することは、複雑な課題への対応を可能にする一方で、小学校の発達段階では求められていないと考えられます。小学生の発達段階でも負担なく理解できるプログラムになるように、制御できる出力装置は1〜2つ程度にとどめましょう。

　また、小学生向けのプログラミング教材を管理するコストがかかるため、一般的には複数の種類のプログラミング教材を整備することは困難です。プログラミング教材によっては四輪車しか扱えないものもあります。現実の課題を解決するために、制御対象そのもののデザインを考えることは、プログラムを考えること以上に重要です。特に、総合的な学習の時間での探究的な学習活動は、児童が必要な機構を自由に変形できるプログラミング教材を活用することでより充実したものにできると考えられます。学習活動に応じて、四輪車だけではなく、さまざまな形に変形させて利用できるものが長く活用できるプログラミング教材と考えられます。

　最後に、プログラミング教材の活用に向けて、一部の教員だけではなく、教員全員がそのプログラミング教材を活用した学習活動のイメージを共有できるものを選定することが求められます。プログラミング教材には年々新しいものが登場しています。学習活動にふさわしいプログラミング教材を活用することで、学習活動の質が高められます。しかし、プログラミング教材は、使用すると劣化する、部品の管理コストがかかる、モデルが変わることで使用感が変化する、アップデートによりサポートされなくなり、利用している端末では使えなくなってしまう等、その他の一般教具と同様か、それ以上の問題が生じる可能性があります。使用したいプログラミング教材のビジョンが教員間で明確に共有されていない状況であれば、例えば、業者を通してレンタルサービスを利用する、教育委員会や近隣の学校間でプログラミング教材を共同利用する等は検討の余地があります。

5-4 小学校プログラミング教育における教員研修の在り方

（1）小学校プログラミング教育に関する教員研修の受講状況

　小学校プログラミング教育に関する研修パッケージに関する情報は整備されつつあり、教育委員会が小学校プログラミング教育に関する実践的な研修を実施したり、教員が小学校プログラミング教育に関する授業実践や模擬授業を実施したりしています。2019年度に実施された教育委員会を対象とした調査では、およそ93%の教育委員会が、実施予定のものを含めて、学校で1人以上の教員が小学校プログラミング教育に関する取り組みを行っていることを把握していると回答しています [5-11]。

　小学校プログラミング教育における校内研修の計画の推進にあたっては、校務分掌として情報教育を担当する教員が中心になると考えられます。小学校プログラミング教育における校内研修に活用できる資料は充実してきていますが、教職課程でプログラミング教育に関する内容が必修化されていないこと、小学校では中学校・高等学校とは異なり、情報を専門とする教員の配置が考慮されていないことを踏まえると、研修を受講した教員が講師となって、受講した研修内容を学校全体へ伝達することは難しいことが推察されます。大学の教員養成課程で小学校プログラミング教育に関する科目の整備が進められていますが、全ての教員が小学校プログラミング教育を推進するために必要な知識・スキルを身に付けられる機会が十分に確保されているわけではありません。そのため、小学校プログラミング教育に関する情報共有を円滑に行うための校内研修を、組織的かつ計画的に実施する必要性が指摘できます。

（2）事例校における授業研究及び校内研修の年間計画

　年間を通じて、小学校プログラミング教育に関する校内研修に取り組んだ事例を紹介します。紹介する事例校では、年間の研究テーマをICT活用・プログラミングと設定し、ICT機器を活用した効果的な授業実践に関する授業研究に取り組んでいました。事例校における授業研究及び校内研修の年間計画を**表4**に示します。特に、教科におけるプログラミングを取り入れた授業研究に取り組んだことがわかります。教員間でプログラミングに関する情報共有を図ることも意識していたために、積極的にいろいろなプログラミング教材やプログラミング言語を用いた授業研究に取り組んでいました。

　事例校の校内研修の特色として、授業研究前にはWorkshopという名称の校内研修が設定されていました。Workshopの参加対象は学校長、事務も含め

表4　小学校プログラミング教育に関する授業研究及び校内研修年間計画

月	週	曜日	カ テ ゴ リ	内　　容
4	2	月	研究推進全体会	研究テーマ・年間計画確認
5	1	火	全体研修	全体 国語科×Viscuit，算数科×プログラミン
6	3	火	Workshop ①	Viscuit（講師：4年学年団）
	3	木	授業研究・討議会①	4年 授業研究（図画工作科×Viscuit）
	4	月	Workshop ②	Scratch（講師：6年学年団）
	5	水	授業研究・討議会②	6年 授業研究（総合的な学習の時間×Scratch）
11	2	月	Workshop ③	Scratch（講師：5年学年団）
	2	水	授業研究・討議会③	5年 授業研究（算数科×Scratch）
1	4	水	合同 Workshop ④⑤	Powerpoint（講師：1年学年団） True True（講師：2年学年団）
	4	木	授業研究・討議会④	1年 授業研究（国語科×Powerpoint ※ICT活用）
	5	火	授業研究・討議会⑤	2年 授業研究（算数科×True True）
2	1	水	Workshop ⑥	codey rocky（講師：3年学年団）
	1	木	授業研究・討議会⑥	3年 授業研究（社会科×codey rocky）
3	2	水	研究推進全体会	研究のまとめと来年度へ向けて

※ Viscuit, プログラミン，Scratch はビジュアル型プログラミング言語
　True True はタンジブル型プログラミング教材（カードを利用）
　codey rocky はロボット型プログラミング教材（ビジュアル型プログラミング環境 mBlock5 を利用）

た教職員全員であり、Workshop の講師は授業研究の学年団が担当していました。Workshop の内容は、プログラミング教材・実践事例等の紹介、小学校プログラミング教育に関する伝達研修、授業研究に行う学習活動等です。なお、Workshop は児童下校後、30～60分程度で実施されていました。Workshop の特徴として、講師は授業研究の中でプログラミング教材に触れたり、必要に応じて資料を作成したりしているため、これを研修内容としても活用することができ、校内研修のために改めて準備する手間が省けるというメリットがあります。また、授業研究に参加する教員が小学校プログラミング教育のことを理解できていなければ、授業研究のよさ、改善点を評価できません。Workshop として、授業研究で取り組む予定のプログラミングを取り入れた学習活動を事前に教員が体験することで、授業研究を見る視点を養う効果も期待できます。

　一方で、Workshop のデメリットとして、Workshop の内容を検討する負担は小さいものの、授業研究で時間がない中で同時に準備を進行する負担が大きいこと、児童下校後に実施しているため、行事等で忙しい時期は定時の参加が難しいことが報告されています。授業研究と同時進行することの負担への対応については、例えば、講師は学年団、運営・準備は校務分掌として授業研究を担当する部会・委員会で行う等、役割を分担することで対応できると考えられます。実施時間の確保については、例えば、Workshop の実施日は午前授業とし、Workshop を2部構

成として、前半 14 時頃から 1 時間 (1 学年)、後半 15 時半頃から 1 時間 (違う学年) とすれば、無理なく研修時間を捻出できると考えられます。

（3） 小学校プログラミング教育における校内研修の在り方について

　小学校プログラミング教育を充実させるためには、情報教育担当の教員だけでなく、学年で、そして、学校で取り組んでいくことが大切です。研修受講の機会の有無にかかわらず、学校全体として取り組んでいくためには、事例校のように、年間のテーマ、授業研究と対応した校内研修を設定することは大変有効であると考えられます。

　小学校プログラミング教育に関する校内研修のもち方に関しては、事例校のようにいろいろなプログラミング教材やプログラミング言語を活用することも、教員の意識を高める上では重要な試みであると言えます。一方で、2017（平成 29）年の小学校学習指導要領改訂では、プログラミング教育だけではなく、外国語活動・外国語、特別の教科 道徳、キャリア教育等、さまざまな取り組みが求められています。これらの新しい取り組みに関する校内研修を計画することも大切です。そのため、一般的には、年間を通して小学校プログラミング教育に注力した校内研修を計画することは難しいかもしれません。少ない研修回数で小学校プログラミング教育を充実させるための対応として、活用するプログラミング教材やプログラミング言語を一つに絞ることが考えられます。一つに絞ることによって、教員のプログラミングのスキル習得にかかる時間を大幅に短縮できます。このメリットは児童にも適用されます。また、小学校プログラミング教育に関する校内研修の充実、校内研修に関わる準備時間の削減に向けては、地域の大学や CoderDojo [5-12]、民間業者との連携を図ることが考えられます。情報教育担当を中心として、学校内外のリソースを考慮しながら、無理なく継続できる取り組みになるように研修を計画することが大切です。

　最後に、校内研修の在り方に関しては、教員の働き方改革と強い関連があります。授業改善に向けて、教員向けの校内研修が大変重要であることは間違いありません。教員の継続的専門能力開発（CPD：Continuing Professional Development）の観点から、教員のスキルアップを中長期的な視点で捉える必要があります。しかし、教員向けの校内研修を実施するためには準備の時間と参加の時間が必要です。このような教員の働き方改革と CPD の観点を踏まえた校内研修の計画に向けては、学校長がリーダーシップを発揮する必要があります。学校長が小学校プログラミング教育の重要性を深く理解していることが、小学校プログラミング教育に関する教員のスキルアップには不可欠です。小学校プログラミング教育を実践する教員をはじめとして、学校長、教頭、小学生向けプログラミング教材の

購入に関わる事務等も含めた学校全体で小学校プログラミング教育に取り組むという視点をもつことが、小学校プログラミング教育をさらに充実させることにつながります。

引用・参考文献

[5-1] 文部科学省：2017（平成29）年告示小学校学習指導要領，東洋館出版社（2018）

[5-2] Scratch3.0：https://scratch.mit.edu（最終閲覧日：2020年10月30日）

[5-3] 石原淳也：ML2Scratch，https://champierre.github.io/ml2scratch/（最終閲覧日：2020年10月30日）

[5-4] 文部科学省：小学校プログラミング教育の手引（第三版），https://www.mext.go.jp/a_menu/shotou/zyouhou/detail/1403162.htm（最終閲覧日：2020年10月30日）

[5-5] 阪東哲也，長野仁志，曽根直人，藤原伸彦，山田哲也，伊藤陽介：学校全体で取り組む小学校プログラミング教育の校内研修とカリキュラム・マネジメント，鳴門教育大学情報教育ジャーナル，17,pp.41-47（2020）

[5-6] 兼宗進：コンピュータを使わない情報教育　アンプラグドコンピュータサイエンス，イーテキスト研究所（2007）

[5-7] 尾崎光，伊藤陽介：小学校におけるプログラミング教育実践上の課題，鳴門教育大学情報教育ジャーナル，15,1,pp.31-35（2017）

[5-8] 阪東哲也，藤原伸彦，曽根直人，長野仁志，山田哲也，伊藤陽介：情報活用能力育成を基盤とした小学校プログラミング教育カリキュラム・マネジメントの提案，鳴門教育大学情報教育ジャーナル，16,pp.27-36（2019）

[5-9] 長野仁志，阪東哲也，曽根直人，藤原伸彦，山田哲也，伊藤陽介：情報活用能力の育成を目指す小学校プログラミングの実践：附属小学校の「コンピュータを活用する力」の再整理に向けて，鳴門教育大学情報教育ジャーナル，17, 35-40.（2019）

[5-10] 山本利一，鈴木航平，吉澤亮介：小学校情報教育担当者向け教員研修を通したプログラミング教材の評価と課題．教育情報研究，35（1），49-58（2019）

[5-11] 文部科学省：市町村教育委員会における小学校プログラミング教育に関する取組状況等調査，https://www.mext.go.jp/a_menu/shotou/zyouhou/detail/mext_00218.html（最終閲覧日：2020年10月30日）

[5-12] CoderDojo https://coderdojo.jp/（最終閲覧日：2020年10月30日）

第 **II** 部

実践編

Scratchで漢字パズルを作ろう

鳴門教育大学附属小学校　長野 仁志

単元目標

● 漢字の構成として、へんやつくりなどがあることを理解できる。

● プログラミングを用いて、へんやつくりに着目したパズルを作ることにより、漢字を構成している要素に注目して、漢字の形や意味などを捉えようとしている。

評価規準

知識・技能	思考・判断・表現	主体的に学習に取り組む態度
・漢字の構成として、へんやつくりなどがあることを理解している。	・漢字のへんやつくりに着目し、漢字の構成を活かしたパズルを考えている。	・漢字パズルを考えることを通して、へんやつくりなどに関心をもち、積極的に漢字の構成を理解しようとしている。

単元について

　本単元では、Scratchを用いて、漢字が「へん」や「つくり」などから構成されていることを意識できる漢字パズルを作成するプログラミングに取り組む。漢字パズルを作るためには、漢字ドリルや辞典などで、漢字のへんやつくりについて調べる必要があり、漢字パズルプログラミングに取り組むことで、漢字に関する意欲を高めることをねらいとしている。

指導のポイント

▶漢字のへんやつくりを調べたいという児童の思いを育む

　児童が「漢字について調べてみたい」という思いをもてる学習活動として、漢字パズルを作成するプログラミングを設定した。へんやつくりといった漢字の構成を知らなければ、漢字パズルをデザインすることはできない。このような学習活動を設定することによって、児童の漢字への意欲を高めるとともに、漢字ドリルや辞典で調べたいという思いを育むことにつながると考えた。

▶Scratchを用いた漢字パズル作成のメリット

　本単元では、漢字を構成する2つの要素（へんとつくり）から漢字を作成する

プログラミングを設定した。Scratch を用いてパズルを作る過程で、既習の漢字から、共通する部分を見いだし、組み合わせを試行錯誤しながら作問することができる。また、パズルをする過程においては、漢字のもつ意味や構成を類推することができる。プログラミングで正誤のフィードバックを明確に得られることでゲーム性が生じ、児童が意欲的に取り組むことができると考えた。

▶ Scratch を用いた漢字パズルのプログラム

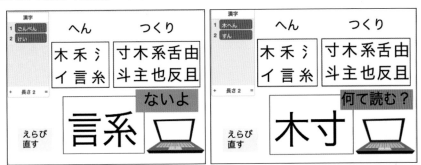

漢字パズルの雛形として、「へん」に配置したスプライトと「つくり」に配置したスプライトをクリックすると、ステージの中央に表示されるファイルを準備した。児童は、「判定マシーン（ノートPCのスプライト）」として、中央に表示された漢字が存在するかどうかを判定するプログラムを作成する。あらかじめサンプルプログラムとして、「もし、『木へん』と『寸』が含まれるなら、『正解』を送る、でなければ、『不正解』を送る」を配置した。正解の場合は、「何て読む？」、不正解の場合は「ないよ」と表示される。へんやつくりのスプライトの読み方は、ステージ上に「漢字」リストを常に表示させることで、簡単に参照できるようにした。

指導計画（総時数 2 時間）

時数	主な学習活動
1 時間	・「へん」「つくり」を知る。 ・2 枚のカードを組み合わせて漢字を作る。 ・漢字パズルの構成を考える。
1 時間 （本時）	・Scratch で漢字パズルを制作する。

授業の流れ

	本時の展開	指導上の留意点
導入	①本時の課題「Scratchで漢字パズルを作ろう」をつかむ。	○サンプルを提示し、制作するものの具体的なイメージをもてるようにする。
展開	② Scratchを使って、漢字パズルプログラミングに取り組む。 　1) サンプルプログラムを修正し、漢字パズルを完成させる。 　2) 自分で考えて「へん」と「つくり」を合わせて、漢字ができるかどうかを判定するプログラムを作成する。 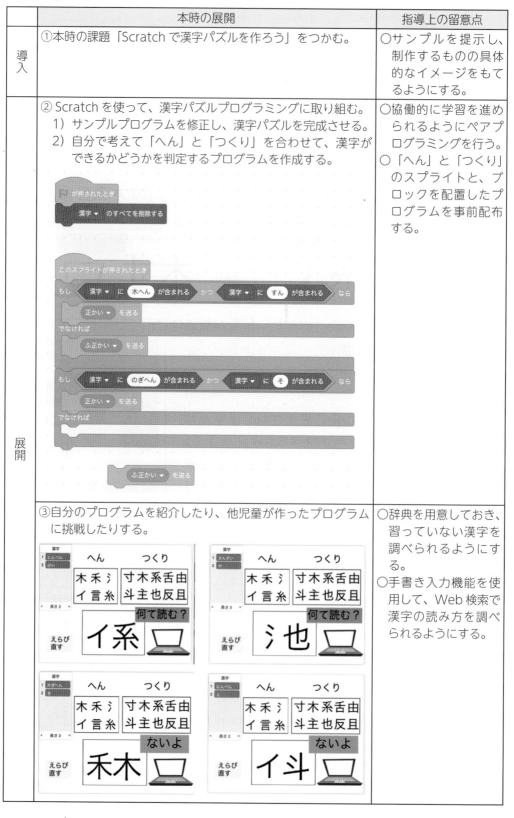	○協働的に学習を進められるようにペアプログラミングを行う。 ○「へん」と「つくり」のスプライトと、ブロックを配置したプログラムを事前配布する。
	③自分のプログラムを紹介したり、他児童が作ったプログラムに挑戦したりする。	○辞典を用意しておき、習っていない漢字を調べられるようにする。 ○手書き入力機能を使用して、Web検索で漢字の読み方を調べられるようにする。

	④学習を振り返って、気付きや感想を書く。 　・漢字って… 　・もっと知りたくなったことは…	〇振り返りの観点や書き出しを提示し、漢字の学習とプログラミングを取り入れた学習を意識しながら、振り返りができるようにする。
ま と め		

今後に向けて

　これまでにも、紙媒体を用いてパズルゲームをする活動を取り入れたことはあったが、今回は、タブレット端末を用いたパズルゲーム作りを単元構成に取り入れた。本事例はプログラミングを取り入れた教科の学習活動の一つと考えられる。本事例は漢字の字形に着目し、教材として用いた実践である。漢字の字形に着目するという教科の目標に迫りつつ、プログラムの分岐処理の理解を促すことができる事例として位置付けられる。また、本事例で準備したプログラムの発展的な使い方として、教員があらかじめ組み合わせのリストを作成しておき、児童が漢字調べをできるように変更することも可能である。さらに、児童がスプライトを追加すれば、教員が準備した組み合わせ以外のものを追加することも可能である。

　他学年でも、漢字の成り立ち、形、組み立て、部分や音など、漢字の習得に関わる内容を学習する。既習事項や児童の興味・関心、発達段階に応じて、系統的にプログラミングを用いることも可能ではないかと感じた。漢字学習に進んで取り組む意欲を育てるための一助となりうる。このような主体的な漢字学習を進める上で、児童自らが各自の興味に沿って、さまざまな観点から漢字を調べることができるような環境作りも必要であろう。

合同な図形の作図シミュレーション

鳴門教育大学附属小学校　富永 俊介

単元目標

- 合同な図形や多角形の角や大きさについて、図形を重ね合わせる活動を通して、合同の意味を理解することができる。
- 合同な図形の性質や作図の仕方を考えたり、多角形の角の大きさを調べたりすることを通して、平面図形についての理解を深めるとともに生活や学習に活かそうとする態度を養う。

評価規準

知識・技能	思考・判断・表現	主体的に学習に取り組む態度
・合同の意味や性質を理解し、頂点、辺、角の対応を見つけて合同な図形を作図することができる。 ・多角形の内角について理解することができる。	・合同の観点から基本図形の性質を考えたり、合同な図形の作図や多角形の内角の和の求め方を通して形や大きさの決まり方を考えたりすることができる。	・身の回りや図形の見方に関心をもち、進んで合同な図形の性質調べや作図などに取り組もうとしている。

単元について

　本単元では、「合同な図形」「多角形の内角の和」という2つの内容について学ぶ。「合同な図形」の学習場面では、具体物を実際に操作する活動を取り入れ、回したりひっくり返したりする中で、対応する頂点、角、辺について理解できるようにする。また、児童の考えを活かしながら、合同な図形の作図に取り組み、「三つの辺の長さが定まっていること」、「二つの辺の長さとその間の角の大きさが定まっていること」、「一つの辺の長さとその両端の角の大きさが定まっていること」、という3つの合同条件を理解できるようにする。プログラミング教材を活用することで、与えられている辺や角の情報を変えたときにどのような図形ができるかをシミュレーションできるようにしたい。また、上述した3つの合同条件を満たさない場合には、複数の図形ができることをシミュレーションにより視覚的にわかりやすく捉え、3つの合同条件に対する理解を深めたい。

指導のポイント

▶プログラミング環境「Scratch」

　合同な図形を作図する際にコンパスや分度器等を的確に操作することは、必要なスキルの一つである。しかし、算数科では作図スキルだけではなく、図形の形や大きさが決まる要素に関する理解も求められている。たくさんの図形をかいたり作ったりする活動を通して、図形の形や大きさが一つに決まる要素の理解が深められると考えられる。そこで、Scratch を活用して作図することにより、スキルの個人差に関係なく、容易に効果的な学習場面の実現を可能とした。

参照：https://scratch.mit.edu/

▶プログラミングの活用場面の焦点化

　今回の学習課題は、「3つの情報（二辺「辺ＢＣと辺ＡＢ」と一つの角「角Ｃ」）がわかっており、その情報をもとに三角形を作図したにもかかわらず、どうして、形の違う2種類の三角形ができてしまうのか」ということである。3つの情報をもとにコンパスや分度器等を使って作図し、理由を考える学習活動を設定した。児童は、活動の中で、直線ＡＣ上に頂点が2つできることに気付いた。そこで、スクリーンにワークシートに作図した図形を投影した。しかし、コンパスの動きと辺の関係は画像だけでは伝わりにくいと考え、教員がシミュレーションとして、辺ＡＢを少しずつコマ送りに動かす画面を提示し、視覚的に捉えやすくした。

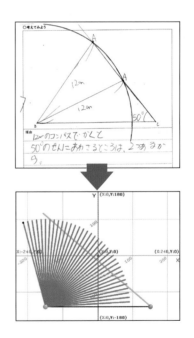

▶プログラミングによる再現性の有効活用

　「頂点Ａが2つできてしまう場合は、それ以外にもあるのか」という発問を行った。コンパスや分度器を操作して、与えられた3つの情報の大きさを変える作図を行うと、一つ一つの確認に時間がかかる。しかし、プログラミングを活用することで、「与えられた情報だけでは、数値が変わっても頂点が2つ

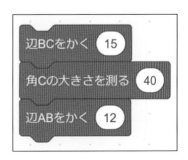

できること」をたくさん検証することができ、検証結果を容易に得ることができた。

指導計画（総時数 10 時間）

時数	主な学習活動
3時間	合同な図形
4時間 4／4 （本時）	合同な図形のかき方
3時間	多角形の内角

授業の流れ

	本時の展開	指導上の留意点
導入	①与えられた3つの情報をもとに三角形を作図し、本時のめあてをつかむ。 ・辺 BC＝15cm ・辺 AB＝12cm ・角 C＝50° 	○まずは、コンパスは使わずにものさしと分度器を使って作図することを伝えることにより、情報を満たした形の違う2つの図形がかけることに気付くことができるようにする。
展開	②条件が同じであるのに、どうして異なる2つの図形がかけたかを考え、話し合う。 ・コンパスを使って作図してみる。 ・プログラミングによる作図を見る。	○スクリーンにワークシートを投影したり、Scratch による作図プログラミングを提示したりすることにより、頂点が2つになることに気付くことができるようにする。
展開	③ペアで Scratch を活用して、与えられている3つの情報の数値を変え、確かめる。 	○プログラミングされたブロック内の数値を変えることによって、コンパスや分度器などのスキルの個人差に関係なく、検証できるようにする。 ○短時間でいろいろな数値の組み合わせを試すことができるようにする。
まとめ	④学習の振り返りを行う。 ・プログラミングを通して… ・自分の思ったようにできたかどうか	○振り返りの書き出しや視点を示すことにより、プログラミングしたことが今回の学びにどう活かされたのかを意識しながら学習の振り返りができるようにする。

今後に向けて

　図形の領域において、コンパスや分度器等の器具を正しく使い、正確な作図を行うことは大切な学習である。しかし、取り組む目標によっては、正確な測定の他にも反復性や再現性によって状況を確かめることが問題解決を進めるうえで重要となる場面もある。このような学習場面においては、プログラミングは効果的で、かつ効率的な手段である可能性がある。

　本授業ではプログラミングを2つの場面で活用した。1つ目は、コンパスの動きを曲線だけでなく視覚的に捉え、理解を深める場面である。本時の展開①（3つの条件をもとにものさしと分度器のみを使って作図する活動）では、児童はものさしをコンパスのようにスライドさせて、辺ＡＢの長さを決定し、三角形の大きさを決定していた。コンパスの動きというのは、ある頂点を軸として扇状に直線を並べた先端の動きである。その動きをプログラミングにより動的に再現することにより、辺ＡＢと角Ｃの延長した直線が2点で交わっていることを正確に捉えている姿が見られた。2つ目は、与えられた3つの情報（辺の長さや角の大きさ）を変えたときにも、形の違う三角形が作られるかを確かめる場面である。プログラミングにより、反復性と再現性を容易に確保することができ、いくつものパターンを短時間で試行することができていた。しかし、プログラミングにより、簡単に三角形が作れるため、三角形を作ること自体に魅力を感じてしまい、活動のめあてから意識が逸れている姿も見られた。「今、何を確かめているか」を問いかける等、何のためにプログラミングを活用しているのかを意識できるように支援していく必要があると感じた。

　学習の振り返りには、「条件がそろっていなければ違う形になってしまうことがわかり、びっくりした」「自分にはできないことがプログラミングだと簡単にできるのでわかりやすかった」のように、学習内容の深まりや、プログラミングを活用することの有効性の高まりが見られた児童もいた。一方で、「思い通りにプログラミングすることができなかった」「このぐらいがちょうどいいかなど、試しているとむずかしくてなかなか合わなかった」というように、ブロック内の数字を変える操作と、「こうすればこうなる」というブロックの意味が十分に理解できておらず、時間内に十分に試すことができなかった児童もいた。計画的にプログラミングを取り入れた学習活動の重要性が指摘できる。発達段階を踏まえた教科でのプログラミングを取り入れた学習活動、カリキュラム・マネジメントについては今後の課題である。

micro:bit で学ぶ発電と電気の利用

鳴門教育大学附属小学校　岩崎 サオ里

単元目標

●電気の性質や働きを調べる活動を通して、発電や蓄電、電気の変換についての
理解を図り、実験などに対する技能を身に付けるとともに、より妥当な考えを
つくりだす力や主体的に問題解決しようとする態度を育成する。

評価規準

知識・技能	思考・判断・表現	主体的に学習に取り組む態度
・電気は作り出したり蓄えたりできることを理解している。 ・電気は光、音、熱、運動などに変換できることを理解している。 ・身の回りには、電気の性質や働きを利用した道具があることを理解している。 ・観察、実験などに関する技能を身に付けている。	・プログラミングを体験することで、電気の量と働きとの関係、電気の変換について、より妥当な考えをつくりだし、表現している。	・電気の性質や働きについての物事・現象に進んで関わり、粘り強く、他者と関わりながら問題解決しようとしている。 ・電気の性質や働きについて、学んだことを学習や生活に活かそうとしている。

単元について

　本単元は、第5学年「A（3）電流がつくる磁力」の学習を踏まえて、「エネルギー」
についての基本的な概念等を柱とした内容のうちの「エネルギーの変換と保存」、
「エネルギー資源の有効利用」に関わるものであり、中学校第1分野「（3）ア（ア）
電流」、「（7）科学技術と人間」の学習につながるものである。ここでは、児童が
電気の量や働きに着目して、それらを多面的に調べる活動を通して、発電や蓄電、
電気の変換についての理解を図り、観察、実験などに関する技能を身に付けると
ともに、より妥当な考えをつくりだす力や主体的に問題解決しようとする態度を
育成することが主なねらいである。まず、手回し発電機やコンデンサなどを使って、
電気は作り出したり蓄えたりすることができることを捉えられるようにする。そ
して、豆電球・発光ダイオード・モータなどを使うことで、電気は光、音、熱な
どに変えられることを捉えられるようにする。また、身の回りには、電気を作り
出したり蓄えたり変換したりするなどの電気の性質や働きを利用した電気製品な
どのさまざまな道具があることを捉えられるようにする。外が暗くなると、照明

が自動的に明るくなったり、一定の時間が経過すると自動的に消えたりするプログラミングに取り組むことで、さまざまな電気製品にはプログラムが活用され、条件に応じて動作していることに気付かせたい。

指導のポイント

▶ micro:bit と人感センサの利用

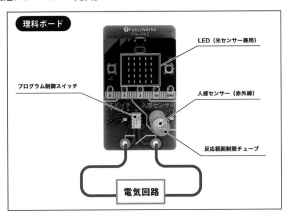

micro:bit 用「電気の利用」向け理科ボード「TFW-RK2」（株式会社 TFabWorks）を利用する。TFW-RK2 は人感センサを搭載しており、プログラムでスイッチのON/OFF を切り替えられる。micro:bit に直接接続できるため、小学校段階でも簡単にセンサを使ったプログラミング学習に取り組むことができる。

▶ 人感センサのプログラム（STEM ブロック）

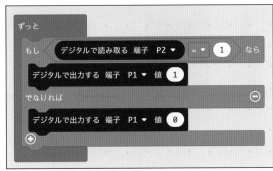

STEM ブロックを利用 　　　　通常のブロックを利用

TFW-RK2 の人感センサを動作させるための専用ブロックが用意されている。「MakeCode ホーム画面＞読み込む＞ URL から読み込む」を選択し、tfabworks/stem と入力することで、STEM ブロックを利用できる。なお、専用ブロックを利用せずとも、通常の MakeCode で用意されているブロックを使えるが、STEM ブロックを利用することで、より少ないブロックで人感センサを動作させられるため、小学校段階でも簡単なプログラムを組むことができる。

指導計画（総時数 12 時間）

時数	主な学習活動
3 時間	**電気をつくる　〜手回し発電〜** 手回し発電機で発電した電気を使って、身の回りの電気製品を働かせてみる。
2 時間	**電気をつくる　〜光電池〜** 光電池で発電した電気を使って、身の回りの電気製品を働かせてみる。
3 時間	**電気の利用　〜コンデンサ〜** コンデンサを使いながら、発電した電気は蓄えて使うことができるのか調べ、結果を記録する。
4 時間 2・3/ 4 （本時）	**電気の利用　〜身の回りの生活〜** 身の回りにある電気の性質や働きを利用した道具を調べる。 電気を無駄なく使うための工夫に注目し、問題を見いだし、予想した条件や動作の組み合わせをもとに、解決の方法を考え、プログラミングする。

授業の流れ

	本時の展開	指導上の留意点
導入	①電気を無駄なく使うために工夫されたものについて考える。	○人感センサ付ライトや自動ドアなど、身の回りにある機器を紹介することによって、具体的なイメージをもつことができるようにする。
展開	②人の動きを感知したときに、電気がつくプログラムを考える。 	○本時の学習で使う道具を確認し、それぞれの役割についておさえる。 ○ micro:bit を活用し、人の動きを感知したときに、電気がつくプログラムを考えることができるようにする。 ○点灯・消灯を制御するプログラムを考えることで、自分たちの身の回りにあるエネルギーを効率よく利用している道具やプログラムに興味をもつことができるようにする。
	③自分が組み立てたプログラムを紹介する。 	○自分なりに工夫したことを発表できるようにする。

	④本時の振り返りをする。 ・電気を無駄なく使うために必要な条件や動作の組み合わせを理解できたか。 ・自分が考えたプログラムを思った通りに動かすことができたか。	〇どのプログラムも入力と出力がコンピュータのプログラムによって制御されていることを確認することができるようにする。
ま と め		

今後に向けて

　プログラミングを取り入れた学習活動に取り組むことによって、既習の電気の性質への理解を深め、身近な電気製品がプログラムによって制御されていることや、電気を無駄なく使うための工夫に気付かせることができると考えられる。micro:bit に加えて、micro:bit の周辺機器を利用することで、小学校段階でもセンサを使った簡単なプログラムを作成できると考えられる。

　本実践を踏まえれば、プログラミングを活用することで、理科における問題解決学習活動がより充実する可能性が指摘できる。具体的には、問題解決の中核となる観察・実験の活動で、児童が直接操作をして、繰り返し試すことができるプログラミングを取り入れた学習活動が考えられる。例えば、第4学年の「水の温まり方」の学習で、温度変化がわかるように、時間間隔を制御するプログラミングに取り組むことが考えられる。プログラミングによって沸騰までの温度変化を自動的に記録することで、温度変化への興味を高め、主体的な観察活動を促す効果が期待できる。また、第5学年の「雲の動き方」の学習においては、10分おき、30分おき、1時間おきに写真が撮れるプログラムを組み、時系列的に雲の動きや天気の変化を記録する学習に取り組むことが考えられる。記録したデータを分析することで、雲の動きと天気の関係に関する問題解決につながる効果が期待できる。

　今後は、本実践のように、自分が意図する一連の流れを実現するためにはどのような組み合わせが必要であるかを考え、問題解決の活動を一層意識することができるようなプログラミングを取り入れた学習活動の研究を進めたい。

かわる道具とくらし─プログラミングを体験しよう─

鳴門教育大学附属小学校　長野 仁志

単元目標

- 日常生活で使われる道具の変化について、生活の変化と関係付けて理解するとともに、具体的な資料や調査を通して、必要な情報をまとめる技能を身に付ける。
- 日常生活で使われる道具の変化や人々の生活との関連を考える力や表現する力を養う。
- 学習問題を追究するために、使われる道具の変化について意欲的に調べ、特徴や関係、意味などについて粘り強く調べたり、表現しようとしたりする態度を養う。

評価規準

知識・技能	思考・判断・表現	主体的に学習に取り組む態度
・日常生活で使用されてきた道具について調べ、必要な情報を集め人々の生活の様子や移り変わりの様子について理解している。 ・今の私たちの生活様式に取り込まれているコンピュータの働きに気付くことができる。	・日常生活で使用されてきた道具の時期の違いによる変化に注目して、生活の様子について考え、表現している。 ・昔の道具と今の道具を比較して人々の生活の様子の変化について考え、表現している。	・市の様子や人々の生活の変化について学習問題を意欲的に追究しようとしている。

単元について

　本単元では、道具の用途・目的・場面に着目し、道具の共通点と相違点を考えさせることで、道具という具体物を通して、児童が人々の暮らしの変化を捉えることができるようにする。そして、今の道具として、プログラムを利用した道具が身近にあることを知り、実際に簡単なプログラミングを体験することもねらいとした。今の道具であるコンピュータの働きに気付く学習活動では、micro:bit とMakeCode を用いる。プログラミングに取り組むことで、生活を快適にすること、便利にすることへの人々の思いや願いが、道具の変化や暮らしの様子の変化につながっていることがわかるようにする。

指導のポイント

▶サンプルプログラムを利用した順次処理の理解

　プログラミングの基本構造として順次処理の基本を理解できるようにするために、まず micro:bit のサンプルプログラムの動作を構造化した。micro:bit の実際の動作を確認しながら、動作を構造化することにより、プログラムによって、決まった動作が順番に処理されていることに気が付けるようにした。

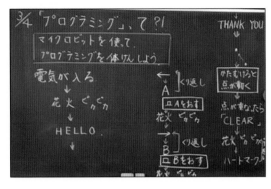

▶ micro:bit を利用した簡単なプログラミング

　児童がプログラミングを初めて体験することを踏まえ、プログラムの働きに気付くことを目的とした簡単な課題を設定した。2つの顔を描くプログラミングに取り組むことで、プログラムが順番に処理できることに気付かせることができると考えた。micro:bit へのプログラミングには MakeCode を使用した。MakeCode のチュートリアルを活用し、サンプルプログラムを修正することで、児童なりの工夫が活かせることを意識した。

指導計画（総時数 3 時間）

時数	主な学習活動
1 時間	・今の道具として、身の回りには、「勝手に」「自動で」動くさまざまなものがあることに気付き、自動で動くようにさせているのがプログラムであることを知る。
2 時間 2/2 （本時）	・micro:bit と MakeCode を使ったプログラミング体験をする。

授業の流れ

	本時の展開	指導上の留意点
導入	①チュートリアルを使用しながらプログラミングに取り組んだ前時の活動を想起し、本時のめあてをつかむ。 	○前時に行ったプログラミング体験を想起できるよう、MakeCode のチュートリアルを使用し、プログラミングの仕組みや micro:bit の動作につなげる操作の仕方を確認した。
展開	② MakeCode のチュートリアルを利用し、micro:bit に LED の光り方をプログラミングする。 	○試行錯誤しながら自分が考えた光の点灯・点滅の仕方に近づけていくことができるようにする。
展開	③作成したプログラムをペアで確認し、修正する。 	○初めてプログラミングに取り組むことを考慮し、ペアでプログラミングの活動をさせることで、プログラミングやタブレット端末の操作等の相談をしながら取り組めるようにする。
展開	④作品を紹介し合う。 	○ペアで作成したそれぞれの顔が順番に表示されるプログラムを見て、プログラムの処理の順序に気付くだけでなく、顔の表情（表現）の工夫にも気付けるようにする。
まとめ	⑤活動の振り返りをする。 　・昔の道具に比べて… 　・勝手に動くと思っていたけど… 　・コンピュータやプログラミングの働きや面白さ　等	○振り返りの視点を示すことで、初めて取り組んだプログラミングへの気付きだけでなく、「今の道具」の特徴を意識して振り返ることができるようにする。

今後に向けて

　本実践は、初めてプログラミングについて学習することを想定して計画した。児童は、プログラミングに取り組む前に、今の道具が「自動で動くこと」によって利便性や快適性を得られていることを確認した。プログラミングを取り入れた学習活動に取り組むことで、当たり前に使っている身の回りの「『勝手に』『自動で』動く道具」を動かしているのがプログラムであることを理解することにつながった。具体的には、テレビのリモコンや自動ドアが何によって動かされているのかを予想し、話し合い、プログラムが使われていることを知り、話し合いの中で、数多くある手順を順序よく進めることが欠かせないことに気付いていった。

　micro:bit と MakeCode を使ったプログラミングはチュートリアルが充実しているため、初めてのプログラミング体験でも、児童だけで進めることができた。micro:bit は小さく軽量で片手でも持てることから、制作した作品（LED 画面が光る様子）を互いに見せ合うことも容易であった。プログラムを作成したり、修正したりしながら、思い描いた LED 画面に近づける中で、コンピュータの働きのよさやプログラミングの面白さを感じられていた。

データを活用して生活を見直そう

鳴門教育大学附属小学校　長野 仁志

単元目標

- 運動、食事、休養及び睡眠の調和のとれた生活、体の清潔、身の回りの環境について理解することができるようにする。
- 健康な生活について課題を見つけ、その解決に向けて考え、それを表現することができるようにする。
- 健康な生活について、健康の大切さに気付き、自己の健康の保持増進に進んで取り組むことができるようにする。

評価規準

知識・技能	思考・判断・表現	主体的に学習に取り組む態度
・健康な生活、運動、食事、休養及び睡眠の調和のとれた生活、体の清潔、身の回りの環境について理解している。	・毎日の健康な生活について、課題を見つけ、その解決に向けて考え、自分なりの解決方法を表現することができるようにする。 ・プログラミングを活用して取得したデータから課題を見つけたり、解決方法を考え表現したりしている。	・毎日の健康な生活について、健康の大切さに気付き、自己の健康の保持増進に進んで取り組もうとしている。

単元について

　この時期の児童は、自分でできることが増え、少しずつ自立が進んできている。学校生活にも慣れ、自分なりに生活習慣を形成し始める時期ともいえる。このような時期に、毎日の生活習慣と健康との関わりに関する正しい知識を得ることで、自分自身の生活習慣に課題意識をもち、よりよい生活習慣を形成していくことができるよう、本単元を構成した。その中で、プログラミングを活用して客観的なデータを取得し、現状を可視化し、見いだした課題解決に向けて自分なりの解決方法を表現できるようになることを目指している。プログラミングとIoT体験により、生活環境に関するデータ取得、蓄積、分析に取り組むことができるようにする。プログラミングを用い、自分の生活環境をデータとして可視化することにより、学習で取り組んだ課題解決が、日常生活における課題解決に結びつくような活動に

できると考えた。

指導のポイント

▶ micro:bit による生活環境の測定

生活環境の測定には micro:bit と micro:bit
用温度・湿度・気圧センサ「TFW-EN1」（株
式会社 TFabWorks）を採用した。TFW-
EN1 は micro:bit に差し込むだけで使用で
きる。生活環境のデータ測定には温度計や湿
度計の利用も考えられるが、TFW-EN1 を接
続した micro:bit では簡単に気温、湿度が測
定できるだけではなく、データの記録もでき
るという特徴がある。

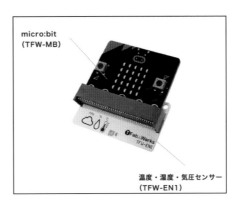

▶ 生活環境データを取得するプログラム

TFW-EN1 を MakeCode で使うための専用ブロックが用意されている。
InternetExplorer 以外のブラウザで https://tfab.jp/stem にアクセスし、画面
上部にある「Edit Code」をクリックすることで、STEM ブロックを利用できる。
プログラミングの前に、測定に使う micro:bit をペアリングする。まず、TFW-
EN1 を差し込んだ micro:bit と PC を USB 接続する。次に、ブラウザ画面下部に
表示されている「ダウンロード」の横にある「…」＞「デバイスを接続する」をク
リックする。すると、近くにある micro:bit が表示されるので、micro:bit を選択
し、「接続」をクリックする。湿度を測定する場合、上図のようなプログラム（一例）
を準備して「ダウンロード」をクリックすれば、micro:bit にプログラムを転送す
ることができる。画面左下にある「コンソールを表示　デバイス」をクリックする
と、測定結果として下図のような折れ線グラフが表示される。センサで取得した値
は CSV ファイルとしてエクスポートできる。

指導計画（総時数5時間）

時数	主な学習活動
1時間	・自分の生活を振り返り、健康との関わりを考える。
1時間	・健康な生活を送るために必要なことを考える。
1時間	・体を清潔にするために気を付けることを考える。
2時間 2/2 （本時）	・教室の環境データを取得するプログラミング ・IoT体験を行い、生活環境を整えるためにどのようにすればよいか考える。 ・単元全体を振り返り、これからの生活に役立てたいことを宣言する。

授業の流れ

	本時の展開	指導上の留意点
導入	①本時の課題「けんこうによい生活をしよう－教室編－」をつかむ。	○サンプルを提示し、制作するものの具体的なイメージをもてるようにする。
展開	②プログラミングとIoT体験を行い、教室の環境データを取得する。 　1）教材の簡単な仕組みを知る。 　2）設置場所、データ収集のインターバルについて考える。 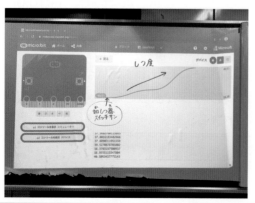	○スライドを用意し、IoTセンシングの基本的な仕組みや働きについて、理解することができるようにする。 ○ワークシートを用意し、プログラミングする箇所と内容を把握できるようにする。
	③取得したデータをグラフ化したものを分析し、健康によい生活環境にするためにどのようにすればよいか、話し合う。	○換気と湿度の関係に着目し、窓を開け、換気することで湿度が変化することに気付くようにする。

| | ④単元全体を振り返り、これからの生活に役立てたい宣言を作成する。
・窓を開けて、空気の入れ換えをしよう。
・しつ度に気を付けて、手を洗うのも忘れずに、けんこうに過ごそう。 | ○学習した内容や知識をもとに、運動、食事など具体的に観点を絞ることができるように助言する。
○これまでの生活を振り返り、自分なりによりよい生活を設計することができるようにする。 |
|まとめ| | |

今後に向けて

　本時の学習は、これまでの自分の生活を振り返って気付いたことや、「毎日の生活とけんこう」の単元を通して新たに学んだことを、測定した教室の環境データをもとに見直すことを主眼とする。

　児童にとっては、自分の所属クラスの教室は学校生活を送る上で最も身近な場所である。micro:bit による IoT センシング技術を活用し、自分の教室に関する学習活動に取り組むことによって、学習した内容と自らの生活との関わりをより深く捉えることができる。

　また、数値や表、グラフを読み取ったり、わかりやすい表やグラフに表したりすることは、これまでにも他教科（算数や理科など）で学んできている。児童は、客観的にデータを比較することの効果に気付き始めているため、実際のデータを分析することは、児童が健康の保持増進に進んで取り組もうとするきっかけとなりうる。さらに、自分の教室のデータから課題を見つけ、根拠に基づき当事者意識をもって課題解決に取り組むことが期待できる。

　プログラミングと IoT センシング技術を取り入れた本実践は、児童の「毎日の生活の保持増進」に取り組む意識の醸成につながると確信している。

プログラミングでカノンを編曲しよう

鳴門教育大学附属小学校　横瀬　美穂

単元目標

- カノンのふしの特徴と循環コードとの関わりについて理解し、ふしづくりをするために必要なコードの音を選択したり、経過音をつないだりして旋律をつくる。
- ふしづくりについての思いや意図をもち、プログラミングをすることによって自分の表したいふしを再確認し、ふしづくりの思考を深める。
- 循環コードを使ったオリジナルのふしづくりを通して、プログラミングによる音楽づくりのよさを主体的に伝えようとする。

評価規準

知識・技能	思考・判断・表現	主体的に学習に取り組む態度
・カノンのふしの特徴と循環コードの関わりについて理解している。 ・ふしづくりをするために必要なコードの音を選択したり、経過音をつないだりして旋律をつくっている。	・循環コード（和音の響き）を聴き取り、それらの働きが生み出すよさや面白さ、美しさを感じ取りながら、聴き取ったことと感じ取ったこととの関わりについて考え、音を音楽へと構成することを通してふしづくりの思考を深めている。	・循環コードのよさに興味をもち、音楽活動を楽しみながら主体的・協働的にプログラミングによるオリジナルのふしづくりに取り組もうとしている。

単元について

　「パッヘルベルのカノン」は、いくつもの音の重なりによってつくりあげられる美しいハーモニーを奏でることができる曲で、小学校音楽6年の表現・鑑賞領域で必ず取り上げられる、あまりに有名な曲である。伴奏は循環コードという一定の規則に従って繰り返されるコード進行で、特にカノンにおいては、トニック（Ⅰ度の和音）から始まり、途中でマイナーコードの効果によって過去を想起させるような進行になるが、5番目のコードよりメジャーコードになり、前向きな感じの進行になる、メリハリのついたコードが特徴である。

　Ⅰ→Ⅴ→Ⅵ→Ⅲ→Ⅳ→Ⅰ→Ⅳ→Ⅴを4小節の中で成立させるコードを使い、これに旋律を乗せるようにするが、原曲の雰囲気を残しながら自分なりのアレンジをすることを音楽づくり分野でも活用できるのではないかと考えた。

指導のポイント

▶ワークシートを用いた事前学習（設計図の作成）

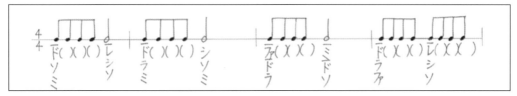

　プログラミングに取り組む前に、事前学習として、上に示すようなワークシート（一部）を提示した。選択した音と構成を明確に捉えられるようにするために、実際にリコーダーを吹いて音を確かめながら（　）に自分の選択した音を書き入れるようにした。

▶ Scratch による編曲

実際にやってみます。4小節目に注目しましょう。

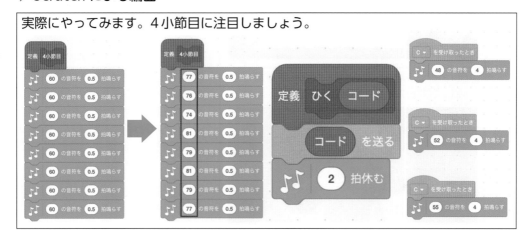

　プログラミングには Scratch を利用した。音を選択する規則は、各小節の冒頭部にくる3和音の中から1つを選択することとした。その後の経過音はリズムのみ固定とし、自由な発想で音を選択できるようにした。伴奏部については、指導者が事前に準備した。和音を演奏するための方法として、上の図に示すようなブロックを用いた。

指導計画（総時数3時間）

時数	主な学習活動
1時間	・「バッヘルベルのカノン」でふしづくり
2時間 （本時）	・Scratch を利用した「バッヘルベルのカノン」の編曲

授業の流れ

	本時の展開	指導上の留意点
導入	①前時までの学習を振り返り、本時のめあてを確認する。	○プロジェクター、PC、児童用タブレット端末を準備しておくことにより、本時の活動がスムーズに行えるようにする。
展開	② Scratch を用いたふしづくりの方法の説明を聞き、Scratch を用いてふしづくりを行う。 	○本時の活動の流れがわかるように、スライドでタブレット端末の操作手順を示すことにより、前時に行ったふしづくりを活用し、プログラミングすることを理解できるようにする。
	③ Scratch で編曲した自分の作品を聴きながら、ふし（プログラム）を修正する。 	○配布する Scratch のプログラムに伴奏のプログラムを加え、児童のつくった旋律を合わせて再生できるようにしておくことにより、循環コードに合った旋律かどうか確かめられるようにする。
まとめ	④本時の振り返りをする。 ・コード進行に合った旋律になるように、音を選択して Scratch に入力できたか。 ・自分のつくりたい旋律の雰囲気に合った作品ができたか。	○振り返りの視点を示すことにより、本時の音楽的な考えを創る力について振り返ることができるようにする。

今後に向けて

　本実践では、Scratch を利用して「バッヘルベルのカノン」の編曲に取り組んだ。ほとんどの児童は1時間で4〜8小節のふしづくりができていた。2時間目は、修正を加えながら友達の作品を聴き合うことにより、同じ循環コードの旋律でも、音の高さや旋律の進行の具合（音の跳躍など）によって表情が異なることに気付いた児童がいた。また、楽器を変えることで音色が変化することに気付いた児童もいた。このようなプログラミングによる旋律づくりを通して、さまざまな音楽を形づくる要素に着目した取り組みができることが明らかになった。

　技能に伴う難しさを楽しさに変え、自分のオリジナル音楽を自由につくる喜びを味わい、音楽づくりに対する抵抗をできるだけなくすことにより、「さらにつくりかえてみたい」という意欲をかき立てることは、プログラミングを取り入れた学習活動の大きな特徴であると言えよう。

　今後取り組む課題としては、この「カノン」を実際に演奏できるようにするため、いくつかのパターンの旋律を組み立て、自分の「カノン」楽譜を作成、プリントアウトして、6学年全員でカノン合奏ができるようにしていきたい。

コロコロアクション with micro:bit

鳴門教育大学附属小学校　川真田 心

題材目標

- ビー玉を転がし、素材の形や色、材料、プログラミングのアクションなどを活かしながら、表したいことを見つける。
- 形や色などの感じを捉えながら、材料や用具の使い方を工夫して、楽しいコースをつくる。

評価規準

知識・技能	思考・判断・表現	主体的に学習に取り組む態度
・段ボールや紙材などを適切に扱うとともに、カッターナイフなどの切る用具、接着剤などについての経験を活かし、手や体全体を十分に働かせ、表したいことに合わせて表し方を工夫して表している。	・形や色、それらの組み合わせによる感じなどをもとに、素材の形や色、材料、プログラミングのアクションなどを活かしながら、どのように表すかについて考えている。 ・制作物で遊び、自分たちの作品の造形的なよさや面白さ、表したいこと、いろいろな表し方などについて、感じ取ったり考えたりし、自分の見方や感じ方を広げている。	・つくりだす喜びを味わい、進んでビー玉を転がして楽しく遊ぶものをつくる学習活動に取り組もうとしている。

題材について

　本題材は、木製のパネル板（アクションボード）に木ぎれ、紙、段ボール、釘等で通り道をつくり、ビー玉の転がり方を工夫して表す題材である。アクションボードの中にビー玉が楽しく転がる仕組みを考え、グループで制作に取り組む。重力があるので、ビー玉を想像通りに転がすことは非常に難しい。児童が活動する中でさまざまな困難にぶつかり、材料の素材や組み合わせ方、切り方、接着・接続の仕方、角度や加速・減速の方法などを試行錯誤することを通して、知識や技能と思考力・判断力・表現力を育むことができる。また、粘り強く問題解決に挑むことで、学びに向かう力・人間性等を身に付けることができる。さらに micro:bit という小型のマイコンボードを使うことで、プログラミング的思考を促すこともできると考え、本題材を設定した。

指導のポイント

▶ micro:bit の入出力

micro:bit は簡単なプログラムを組むことでさまざまなリアクションが期待できるツールである。本体のX・Y・Z軸に対する揺れや傾きを感知したり、明るさを感知したりすることで、リアクションを設定できる。リアクションとしては本体の LED 画面を点滅させたり、スピーカと接続することで音を鳴らしたりすることもできる。

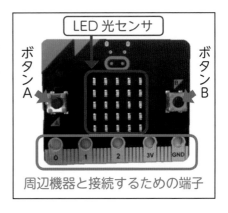

▶ 動力（サーボモータ）との接続

micro:bit はサーボモータなどの動力も制御できる。micro:bit にプログラミングを行うことで、さまざまな動きの工夫ができる。また、micro:bit 用サーボコネクトボード「TFW-SB1」（株式会社 TFabWorks）を活用することで、1 つの micro:bit に 2 つのサーボモータを接続し、それぞれのモータに異なる動きを設定できる。

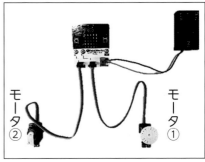

サーボモータを接続した様子

▶ アクションボード

アクションボードの基板は 60 × 90 × 2 ㎝の木製のパネルとする。micro:bit のプログラミングやリアクションを工作の工夫の一つとして、ビー玉の動きと連動させ試行錯誤しながら楽しいコースをつくっていく。

児童の作品例

▶ micro:bit と周辺部品の管理

micro:bit は周辺部品に細かいものが多いため、ファイルケースを使用し、パッケージにして一括保管することで、管理しやすくしている。

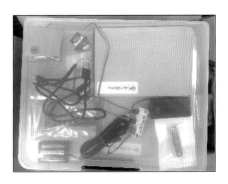

指導計画（総時数6時間）

時数	主な学習活動
2時間 （事前学習）	・micro:bit を使ってプログラムを制作する体験をし、micro:bit でできることを楽しんだり、簡単なプログラムを考えたりする。
1時間 （本時）	・micro:bit の仕掛けを活かすようなアクションボードを考え、設計図をかく。
4時間	・グループでアクションボードとプログラムを工夫する。 ・ビー玉の動きを試しながら作る。
1時間	・友達が作ったボードを楽しみ、自分の学習を振り返ったり、互いのよさを見つけたりする。

授業の流れ

	本時の展開	指導上の留意点
導入	①本時の学習のめあてをつかみ、活動への意欲をもつ。	○参考作品で実際にビー玉が転がる仕組みや工夫を紹介することで、児童が活動に対して期待感や興味・関心を高めることができるようにする。
展開	②前時に体験したプログラミングを活かし、アクションボードのアイデアを、グループで出し合う。 	○教員の作った参考作品の材料や micro:bit に実際に触れることで、グループで積極的に話し合うことができるようにする。
	③グループで相談しながら、プログラミングを活かしたアクションボードの設計図を作成する。	○設計図を作成する際に、絵や言葉、ふせんを用いることで、アクションボード制作の具体的なイメージをグループで共有できるようにする。
	④設計図を活かして、アクションボードの作成のための材料を考える。グループで材料集めの分担をする。 	○材料に適したものの例示や、材料の固さや加工のしやすさ、色や形などの観点を伝え、適切な材料を集めることができるようにする。
まとめ	⑤本時の振り返りと、次時への見通しと意欲をもつ。	○今後の学習の展開を示し、次時の活動への意欲を高めることができるようにする。

今後に向けて

　図画工作科の工作とプログラミングを組み合わせた本題材の実践を通して、図画工作科とプログラミングを取り入れた学習活動は親和性が高いことがわかった。しかし、図画工作科の学びとプログラミングとをつなげるためには、制作物への児童の思いを設計図に具体化すること、そして、大きい動作から小さい動作に分解する思考プロセスが起きるような声かけを行うことが必要である。例えば、ビー玉が転がり、暗くなったら音を鳴らしたいという場面であれば、micro:bit の光センサを何かで覆うことが必要になる。このような学習活動を取り入れることで、プログラミング的思考の「分解」の意識を高められることが期待できる。

　また、micro:bit のプログラミングに関するスキルを事前に習得する時間があれば、プログラミングがよりスムーズに教科の学習に取り入れられることもわかった。子供たちは自分が考えたプログラムが実際に動きとして現れる micro:bit の魅力に夢中になっていた。今後はさらに、図画工作科とプログラミングをつなげる手立てをしっかりとイメージしながら、題材を考えていきたい。

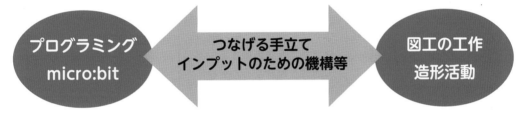

プログラミングと図工をつなげる手立てのイメージ

アニメを作って売買契約を学ぼう

鳴門教育大学附属小学校　岩崎 サオ里

題材目標

- 買物の仕組みや消費者の役割がわかる。
- 身近な物の選び方や使い方について問題を見いだして課題を解決する力を身に付ける。
- 家族の一員として、生活をよりよくしようとする。

評価規準

知識・技能	思考・判断・表現	主体的に学習に取り組む態度
・買物の仕組みや消費者の役割がわかり、物や金銭の大切さと計画的な使い方について理解している。 ・身近な物の選び方、買い方を理解しているとともに、購入するために必要な情報の収集・整理が適切にできる。	・身近な物の選び方、使い方について問題を見いだしている。 ・課題を設定し、さまざまな解決方法を考え、実践を評価し、考えたことを表現するなどして課題を解決する力を身に付けている。	・家族の一員として、生活をよりよくするために、物や金銭の使い方と買物について、課題の解決に向けて主体的に取り組んだり振り返って改善したりして、生活を工夫し、実践しようとしている。

題材について

　本題材は、小学校学習指導要領内容「C 消費生活・環境」の（1）「物や金銭の使い方と買物」、（2）「環境に配慮した生活」を受けて設定したものである。現代は品物の種類が豊かになり、購買意欲をかき立てる情報化社会の中で、生活に必要なものを的確に選択したり、判断したりすることが難しくなってきている。本題材の学習を通して、児童が身近な消費生活や環境をよりよくしていくことができるようになるために必要な知識を習得し、賢い消費者としての素地を養うことをねらいとしている。買物の仕組みや消費者の役割、物や金銭の大切さと計画的な使い方、身近な物の選び方、買い方を理解した上で自分の生活を見直すことにより、問題を見いだし、課題を設定し、その解決に向けて主体的に取り組んだり振り返って改善したりできると考えた。

　特に、売買契約の仕組みについては、効果的な体験活動の設定が難しいと考え、児童が主体的に取り組めるようにプログラミングを取り入れた学習活動を計画した。具体的には、売買契約成立の仕組みに関するアニメーションをプログラミングすることとした。プログラミングを通して、対面の買物場面の構造を可視化することで、登場人物のどのセリフで売買契約が成立したかを児童が正確に把握できると考えた。

指導のポイント

▶ワークシート（設計図）

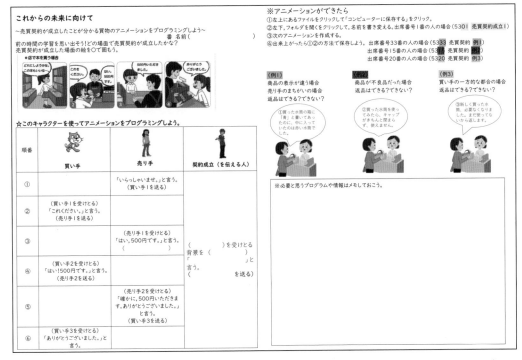

　アニメーション制作活動前に、前時までに学んだ売買契約成立のタイミングや、順番にスプライトを動かすためには「メッセージ」の受信と発信が必要になることを確認するワークシートを準備した。自分が表現したいアニメーションの具体的なイメージをもつことができた。

▶問題の設定

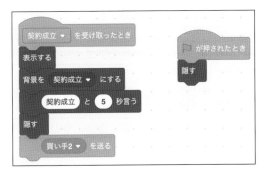

　まず、表示する台詞の順序を考え、売買契約の成立を示すアニメーションを完成することを共通課題とした。その後、共通課題をもとに、返品可能な場面、返品不可能な場面を児童が設定し、オリジナルのアニメーションを制作できるようにした。アニメーションを作成し終えた後でも学習する内容を準備しておくことで、児童は最後まで主体的に学ぶことができた。

▶配布プログラムの工夫（Scratch3.0）

　スクリプトエリアにあらかじめブロックを配置したプログラムを配布した。事前に配置されたプログラムの動作を確認し、一般化して考えることでアニメーションが完成できるようにした。また、主要なブロックをスクリプトエリアに準備することで、ブロックを検索する時間を短縮できるようにした。このような支援を行うことにより、多くの児童が学習目標を達成することができた。

指導計画（総時数 8 時間）

時数	主な学習活動
1 時間	・私たちが消費者として生活する上で大切なことを考える。 ・消費者としての役割について学習する。
1 時間	・買物をするときのルールを知る。 ・売買契約が成立する仕組みを理解する。
2 時間 （本時）	・売買契約が成立したことがわかる買物のアニメーションを制作する。 ・買物の流れを整理しながら、買物のアニメーションを制作する。
3 時間	・お金の大切さと計画的な使い方を知る。 ・いろいろな買物の仕方や、困ったことが起きた場合の対応を知る。 ・買物の前に必要な情報を集めたり、整理したりできるようになる。
1 時間	・環境や資源に配慮した生活になるように、今の自分にできることを考える。

授業の流れ

	本時の展開	指導上の留意点
導入	①前時までの学習内容を振り返り、本時の学習課題「売買契約が成立したことがわかる買物のアニメーションをプログラミングしよう。」を確認する。	○制作するアニメーションの一部を提示することで、前時の学習内容を思い出し、意欲的に本時の学習課題に取り組めるようにする。

展開	②対面での買物において、売買契約がどの場面で結ばれているのかがわかるアニメーションをプログラミングする。 	○順番にスプライトを動かすためにはメッセージの受信と発信が必要になることを確認できるワークシートを準備することで、自分が表現したいアニメーションを作成できるようにする。
	③制作したアニメーションを紹介する。 	○スクリーンに児童の作品を提示することにより、学級全体でアニメーションを確認することができるようにする。
まとめ	④本時のまとめをする。 ・売買契約の仕組みを理解することができたか。 ・自分の作りたいアニメーションを制作することができたか。　等	○振り返りの視点を示すことにより、本時の学習課題に対する自己評価をすることができるようにする。

今後に向けて

　本授業実践のねらいは、買う人（消費者）の申し出と売る人の承諾によって売買契約が成立する仕組みの理解であった。実践後に行った児童の振り返りには、「セリフを考えたり、背景を考えたりすることにより売買契約のタイミングが理解できた」、「前時の学習よりも、売買契約が成立する場面についてよくわかった」などの記述が見られた。これらのことから、アニメーションを制作するという学習課題は、買う人（消費者）の申し出と売る人の承諾によって売買契約が成立することに関する知識を深める上で適切な学習活動であったと考えられる。

参考文献
［1］岩崎サオ里・阪東哲也・長野仁志・藤原伸彦・曽根直人・山田哲也・伊藤陽介（2020），小学校家庭科「消者教育」における能動的な学習を促進するプログラミング教育実践の提案，日本産業技術教育学会誌，63（1），（in press）

あなたはどう考える？—セキュア通信の仕組みを知ろう—

鳴門教育大学附属小学校　斉藤 想能美

情報モラル教育としての目標

- 教育活動全体を通じ、情報モラル教育について理解し、情報モラルの大切さやどのように守っていくことができるのかを考えることができる。
- インターネット上の安全に関することとして、情報セキュリティのうち、セキュア通信に関する基本的な仕組みについて理解し、自分の情報だけではなく周囲の人々がインターネット上の犯罪から身を守るために気を付けていこうとする意欲を高めることができる。

教科横断的な単元構想について

　本単元では、児童の意識が教育活動全体に反映される教科横断的な学習となるよう、国語科、総合的な学習の時間、特別の教科 道徳でユニットを構想した。単元構想の詳細は指導計画に示す。児童は、プログラミングの体験を通して、その利便性や可能性とともに、使う者の意図や使い方によっては危険があることに気付くことができるようにする。また、情報機器を扱う使用者が節度をもって有効活用することの大切さにも気付くことができるようにする。

指導のポイント

▶セキュア通信の基本的な仕組み

　個人情報を守ることを意識させるために、セキュア通信の基本的な仕組みを扱うこととした。発達段階を考慮し、主に SSL/TLS 通信の手順を扱うこととした。具体的には、①サーバにリクエストを送信、②サーバから証明書と公開鍵の送信、③暗号化された共通鍵の送信、④復号化といった手順である。鍵については、暗号化や復号化で利用することだけを説明し、詳細な仕組みについては触れなかった。

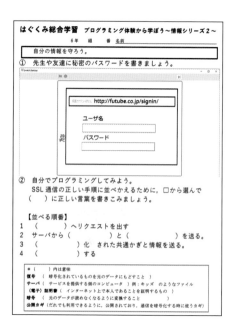

▶ Scratch によるセキュア通信のプログラム

SSL/TLS 通信の基本的な仕組みとして、どのような手順で通信が行われているのかを扱った。Scratch3.0 の定義ブロック４つで SSL/TLS 通信が表現できるように教材を準備した。それぞれの定義ブロックには、それぞれのブロックに応じたアニメーションを設定した。

指導計画（総時数４時間）

時数	教科	主な学習活動
１時間	国語科	・資料「調べた情報の用い方」を学習して、著作権等の意味や大切さを理解する。
１時間（本時）	総合的な学習の時間	・セキュア通信に関する疑似体験（シミュレーション）を行う。
１時間	特別の教科道徳	・教材「あなたはどう考える？」（東京書籍）を読んで、携帯電話・スマートフォンの使い方を中心に、節度、節制について話し合う。
１時間	国語科	・資料「プログラミングで未来を創る」（光村図書）を学習して、互いの考えを交流する。

授業の流れ

	本時の展開	指導上の留意点
導入	① Scratch を使ってパスワードを設定し、情報が守れるかどうかを試す。 ・送信をクリックした後、情報はどのように送り先に伝わると思いますか。 ユーザID　１２３４５６７８９０ パスワード　qwertyuiop クリックしてね	○これまでの国語科や総合的な学習の時間での学習内容を振り返り、本時のめあてをつかむことができるようにする。

	② Scratch を使って SSL 通信に関する疑似体験を行う。 ・Scratch 上で「http」を「https」に書き換えると、パスワード等が暗号化されるアニメーションが表示される。 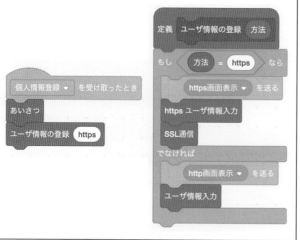	○通信を視覚化することにより、自分たちが知らないところで、個人情報が見られたり盗まれたりすることがあることに気付くことができるようにする。 ○スクリーンに SSL/TLS 通信のアニメーションを投影し、ワークシートで手順を確認することで、児童が SSL/TLS 通信の手順をイメージできるようにする。
展開	③ SSL/TLS 通信を表現するプログラムを並べ替える。 	○②の活動において、ワークシートで確認した手順をもとに、作業できるようにする。 ○ペアでプログラミングに取り組み、プログラミングを適切に組むことでセキュア通信ができたか、つまり、情報が暗号化され、安全に通信できたかを確かめられるようにする。
まとめ	④学習を振り返って、学んだことや考えたことを書いて発表する。 ・情報の伝わる仕組みを理解できたか。 ・自分の情報を守ることに興味がもてたか。　等	○振り返りの視点を明確にしたワークシートを準備し、児童が具体的にわかりやすく考えをまとめることができるようにする。

今後に向けて

　情報モラルの学習は、近い将来、情報機器を当たり前のように扱うことになる児童にとって不可欠なものである。児童の実態として、事前に行ったアンケートや道徳の学習のつぶやきから、「なんとなく危ないこともある」「なんとなく使ってみたい」「周りからのうわさで使ってみたい」といった情報機器の使用に関する曖昧な知識や、好奇心のみが先行している様子がうかがえた。今後、情報機器の使用機会が増加することが見込まれる中で、自分自身の安全に気を付けながら情報機器を扱う意識を高める必要性が指摘できる。

　児童一人一人がプログラミングを使って、自分の情報を守る技術に関する通信の秘匿化体験を行うことは、児童の情報の科学的な理解の育成に寄与すると考えられる。普段使っているネットワークの仕組みを体験できることもあり、学習活動への興味・関心が非常に高く、積極的に取り組む姿が多く見られた。また、「もっと安全に自分の情報を守る手段や方法はないか」といった疑問や、情報モラルに関する今後の課題意識が生まれていることが、発言やつぶやきから推察された。代表的な児童の振り返りを示す。

　「プログラミングをして、話を聞くだけではわからないことも、実際に体験してみると少し仕組みの基本についてわかるようになりました。私はパスワードでは完全に守ることができないとあきらめていたので、カギをかけたり、二要素認証をしたりすると、さらに守ることができるとわかりました。これから大人になっても安心だなと思いました。これからの生活で情報社会で生きているために少しずつ調べたりしてもっとしっていきたいと思いました。」

　このことからも、プログラミング体験によって、児童の曖昧だった理解が手応えのあるものへと変容したことが推察される。また、教員が予想していたよりも児童は専門的知識に触れており、情報機器やインターネット等が生活に根付いていることがうかがえた。

　本時後に行った道徳の「あなたならどうする？」の学習では、主に携帯電話・スマートフォンの取り扱いをもとに、「節度・節制」について話し合った。振り返りには、「携帯電話を持つことには危険もあるが、やはり持ちたいし、生活に必要なものでもあるので、使い方に気を付けたり、親に相談したり、制限をかけてもらったりして、上手に使っていきたい」というような感想が多数見られた。

　今回のユニット型の情報モラル教育の実践を通して、情報を扱うことをただ危険と捉え、拒否するのではなく、プログラミングで経験したように工夫をすることで、危険を回避し、うまく付き合っていこうとする児童の意欲の高まりを感じることができた。

Scratchを使って「〇〇ムシ」を動かそう

鳴門教育大学附属小学校　長野 仁志

単元目標

- 「〇〇ムシ」を画用紙に描いて、動きを考える。
- 「〇〇ムシ」を動かすために必要なScratchの操作の仕方を知り、自分なりに「〇〇ムシ」を動かすことができる。

評価規準

知識・技能	思考・判断・表現	主体的に学習に取り組む態度
・スプライトの動きを確認することで、プログラムの基本的な処理の流れを理解している。	・自分が考えた「〇〇ムシ」の動きに近づけることができるように、動きの順序や速さなどを試行錯誤しながら表そうとしている。	・試行錯誤しながら、自分なりの「〇〇ムシ」の動きを作ろうとしている。

単元について

　本単元では、Scratchを用いて、自分が描いた「〇〇ムシ」のアニメーションを作成する活動に取り組む。事前の単元では、身近なムシの観察を通して、ムシの特徴を見つけることができた。見つけた特徴をもとに、自分なりの「〇〇ムシ」を作る意識を高めることとした。アニメーションを作るためには、命令の組み合わせや時間、回数などを何度も修正して確かめながら、自分の考えた動きに近づけていく必要がある。試行錯誤を繰り返しながら、自分の思い描いた動きに近づけようと取り組むことにより、プログラミングする意欲を高めることをねらいとしている。

指導のポイント

▶「〇〇ムシ」のデータ化

　児童が愛着をもつことのできるムシを描くように指導した。ただし、画用紙をそのままスキャンすると、画用紙ごとデータ化され、Scratch上でうまく操作することができない。このため、事前準備として、画用紙の余白の部分をトリミング処理し、背景を透

明化したデータを作成し、児童に配布した。

▶ Scratch を利用したプログラミング

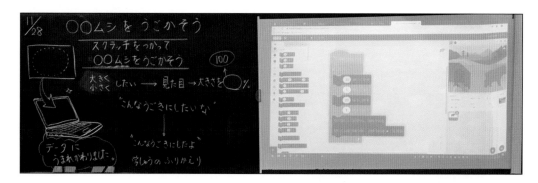

　Scratch を利用し、主に順番に処理をする「順次処理」を取り上げ、動きのスピードをプログラミングすることとした。しかし、児童がプログラミングに取り組む中で、続けて「○○ムシ」を動かしたいという意識が見られたので、繰り返し処理をする「反復処理」を取り上げ、繰り返し回数のプログラミングにも取り組んだ。発達段階を考慮して、まずは Scratch のチュートリアルを利用して、共通の動き（ブロック）のプログラミングに取り組み、動き（ブロック）を理解できているかを確認しながら、指導を進めた。

▶ 低学年で身に付けさせたいスキルの明確化
　プログラミングを情報活用能力育成の教育機会と捉え、プログラミングを体験することを通じて、コンピュータの基本的な操作が身に付くことも意識した。ICT を活用した学習活動の経験が少ないことを考慮して、コンピュータの基本的な操作として、児童自身の力で文字入力やファイル保存ができるようになることも意識して指導した。

指導計画（総時数4時間）

時数	主な学習活動
2時間	**「○○ムシ」を描こう** ・「○○ムシ」を描いて動きを考える。 ・「○○ムシ」を動かすために、Scratch の操作の仕方を知る。
1時間 （本時）	**「○○ムシ」を動かそう** ・自分の考えた動きに近づくように Scratch を使ってプログラミングする。
1時間	**「○○ムシ」を紹介しよう** ・友達と「○○ムシ」とその動きを紹介し合う。

授業の流れ

	本時の展開	指導上の留意点
導入	①本時の課題「Scratch を使って○○ムシを動かそう」をつかむ。 	○前時の板書やサンプルを提示し、制作への具体的なイメージをもてるようにする。
展開	② Scratch を使って、自分の考えた動きに近づくようプログラミングに取り組む。 　1）Scratch でデータ化した「○○ムシ」を読み込む。 　2）ワークシート（設計図）を参考にし、試行錯誤しながら、自分で考えたアニメーションを完成させる。 	○児童が描いたスプライト、考えた動きや手順を描いたワークシートを事前に配布する。 ○スクリーンに Scratch の画面を投影し、各自の問題点や気付きを全体で交流できるようにする。また、投影された「○○ムシ」の動きとプログラムを、自分の改善点として活用できるようにする。
まとめ	③本時の活動を振り返る。 　・考えた動きに比べて… 　・友達の動きを見ていいなと思ったところは…　　等	○振り返りの視点や書き出しを示すことにより、活動を振り返り、次時のめあてをつかむことができるようにする。

今後の実践に向けて

　生活科では、これまでにも劇やペープサート、紙芝居など、自分の思いを表現するいろいろな実践事例が報告されている。今回は、一人１台タブレット端末を使える環境のもと、プログラミングを用いて、「〇〇ムシ」を自分で考えた通りに動かす活動に取り組んだ。自分が描いた「〇〇ムシ」を動かすため、児童が学習活動に取り組む意識を高くもち、最後まで主体的に「〇〇ムシの動き」を工夫し続けることができた。本実践で、低学年の児童が自らの思いに沿って試行錯誤できたのは、①発達段階やこれまでの経験にふさわしい活動時間を設定し、②「〇〇ムシ」設計の時間と、プログラム作成の時間を分けた単元を設計し、③プログラムの手順を参考できる資料を準備し、④友達とワークシートやタブレット端末を互いに見せ合う活動を設定したことによると考えられる。

　プログラミングを取り入れた本実践は、児童の「こんな風に動かしたい」という主体的な思いから出発し、うまくいかないときには試行錯誤する課題解決的な学習活動として、効果的であったと考えている。

だれもが関わり合えるように—micro：bitで安心グッズ作成—

鳴門教育大学附属小学校　富永　俊介

単元目標

- 障がいのある人との出会いや疑似体験を通して課題を見いだし、さまざまな立場から身の回りの環境を見直したり、誰もが使いやすい道具や仕組みについて調べたりすることで、ものの見方や考え方を深めることができる。
- 体験したことや調べたことをもとに、さまざまな立場に立って考え、社会の一員として自分に何ができるか考え、行動しようとすることができる。

評価規準

知識・技能	思考・判断・表現	主体的に学習に取り組む態度
・障がいの有無にかかわらず、誰もが関わり合うことのできる環境整備を理解している。 ・調査活動を、目的や対象に応じて適切に実施している。	・疑似体験や学校設備探検などから課題を発見して設定したり、見通しをもって計画を立てたりしている。 ・課題解決に向けて、観点に合わせて情報を収集したり、整理したりして考えている。 ・相手や目的に応じて、わかりやすく表現している。	・課題解決に向け、自分のよさに気付き、探究活動に進んで取り組もうとしている。 ・自分と違う意見や考えのよさを活かしながら協働して学び合おうとしている。 ・地域や社会との関わりの中で自分にできることを見つけようとしている。

単元について

　本単元は、国語科「だれもが関わり合えるように（光村）」から目に障がいのある方の抱える困難や思い、点字の価値について知ることをきっかけとして単元を立ち上げる。児童は、インターネット、本、聞き取り調査などの調べ学習や、車いす体験、アイマスク体験などの疑似体験を通して、「だれもが関わり合えるように」の「だれもが」の対象や、「関わり合う」ことについて理解を深める。そして、障がいのある方の抱える困難や工夫を自分事として捉え、実践的な思いを醸成するために、micro:bitを用いたプログラミングに取り組み、学校内の障がいとなりうるモノやコトを解決する活動を行う。「こういう道具があれば……」という思いの実現に向かって相手の立場に立って考える中で、共に生きるために自分に何ができるのか、どのように関わることができるのかなど考えを深められるようにしたい。

指導のポイント

▶ micro:bit の利用

　障がい種によって、感じている困難を解消するために必要な情報が異なる。micro:bit は触れる、揺らす、押す、傾けるといった情報の入力によって、いろいろなパターンで音や光を出力できる特徴をもっているため、本単元の趣旨に合致するものであった。

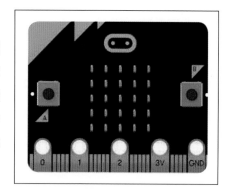

▶ワークシート：計画を立てる（設計図）

　解決したい場面を明確にし、設定した課題を解決するための道具への願いや思いを活動の軸として「プログラミングで解決する」という意識を高めるとともに、その場面を解決するためにどのような要素（時間、音、光など）が必要であるのか見通しをもてるようにした。

▶ワークシート：計画を見直す

　教員が自作した資料（micro:bit の情報）やワークシートに記述した実現したい思いを有機的に関わらせながら、プログラミングに必要な要素として、「入力と出力」、「アルゴリズム」を意識できるようにした。

▶プログラミング環境「MakeCode」

参照：https://makecode.microbit.org

　チュートリアル機能を活用し、ワークシートで計画したことが micro:bit で実現可能かどうかを、児童自身が確かめながら進められるようにした。micro:bit への入力に不慣れな児童も多くいたため、必要に応じて全体で実施したり、個人で活用できるように問いかけたりした。

▶ヒントシートの準備

　実現したい内容（スイッチボタン、音楽、コンパス、タッチセンサ）の入力手順とブロック図の例を示したヒントシートを準備し、必要に応じて児童が自由に手に取れるようにした。

指導計画（総時数 14 時間）

時数	主な学習活動
1 時間	**ユニバーサルデザイン・バリアフリーについて考えよう** 身近な施設の工夫から「共に生きる」という学習テーマを共有する。
3 時間	**目や耳の不自由な人の世界を体験してみよう** 「アイマスク体験」や「口パクゲーム」を通して目や耳の不自由な人がどのような世界で暮らしているのかということや何を手がかりとしているのかに気付く。
2 時間	**附属小学校のバリアを探そう** 目や耳が不自由な方を招いて学ぶために校内のバリアを見つける。
6 時間 1・2／6 （本時）	**誰もが安心できるグッズを作ろう** お招きする人が校内で困るであろうことを解決するための道具のイメージを計画し、micro:bit のプログラミングによってそれを実現していく。
2 時間	**目や耳の不自由な方から学ぼう** 目や耳の不自由な人の思いを聞くことによって、ものの見方や考え方を深め、自分にできることが何かを見つめ直す。

授業の流れ

	本時の展開	指導上の留意点
導入	①前時の計画を見直し、本時のめあてをつかむ。 ・教員自作のプログラミングした micro:bit の出力の様子を見て、計画の実現へのイメージをつかむ。	○ micro:bit の演示により、どのような入力をするとどのような光や音を出力することが可能になるのか捉えられるようにする。
展開	②計画書を見直し、「MakeCode」にプログラミングしていく。 　1）計画書をもとに情報を入力する。 　2）必要な情報を集めながら解決する。  　3）プログラミングした micro:bit を実際に設置したり動かしたりして、イメージ通りに出力されるか試す。 	○ micro:bit へ入力可能な情報や、児童が入出力を把握できるワークシートを配布することにより、アルゴリズム的思考の視点から、前時に立てた計画を見直すことができるようにする。 ○入力や出力の課題が似ている児童同士をグルーピングしたり、ヒントシートを提示したりすることにより、必要な情報を主体的に取捨選択し、計画を修正しながら活動できるようにする。 ○活動の見通しが立っていない児童には、計画書を振り返るように促すことにより、自分が誰に対してどのような課題を解決するための道具にしたいのか再確認できるようにする。

展開	③友達とプログラミングを見せ合い、再度、計画の実現に向けて、「MakeCode」でプログラミングする。 	○他の児童のプログラミングの工夫を見聞きできる場を設定することにより、児童が必要な情報に気付き、自分のプログラミングに反映できるようにする。
まとめ	④学習の振り返りを行う。  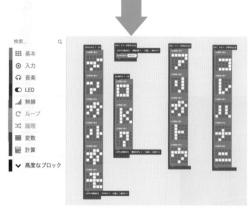	○振り返りの書き出しを示すことにより、プログラミングしたことがmicro:bit を介して実現していくすばらしさや、「共に生きる」ことについて考えられるようにし、次時への意欲を高められるようにする。

今後に向けて

科学技術の進歩やユニバーサルデザイン、バリアフリーの考えの普及も相まって、児童の身の回りには、プログラミングによって誰もが暮らしやすいように工夫が凝らされた道具があふれている。今回用いた micro:bit は、光や音を簡単なブロック操作で出力できることもあり、本単元の目標の実現にふさわしく、プログラミングに不慣れな児童にとって取り組みやすい教具であった。

授業にあたっては、目や耳の不自由な方を学校に招いて学ぶことを目的とし、「誰もが安心できるグッズを作ろう」という探究活動目標を共有したことにより、明確な相手意識をもち、児童の学習の軸がぶれずにプログラミングに挑戦する姿が見られた。また、ヒントシートを自由に手に取れる場設定や、課題別のグルーピング、問いかけ等を意図的に行うことにより、児童が試行錯誤して課題解決していこうとする姿が見られた。

学習後の振り返りには「何ごとにも計画が必要。計画すると次に何をすればいいかわかります」「どうすればあんなことできるんかなと思っていろいろやってみた……」という記述があった。プログラミングの学習は、コンピュータ操作上の支援が必要ではあるが、児童の実態に合った教材教具の選択、プログラミング環境を活用するために最低限必要な情報の提供、児童同士の関わり合いの中で学びを進められるような授業展開上の支援を講じていく中で、主体的な学習の場が生まれ、教科の目標の達成だけでなく、学習の基盤となる資質・能力（情報活用能力等）の育成にも効果的であると考える。

児童の作品例：音なる君
身に付けた micro:bit の揺れや傾きに反応し、何かにぶつかりそうになったときなどに音を出して危険を知らせる。

児童の作品例：トイレ判別機
耳の不自由な人がトイレに入る際、場所を間違えないようにするためのグッズ。左右のボタンを押すことで矢印や言葉を表示する。

プログラミングマップで学校を案内しよう

鳴門教育大学附属小学校　岡 朋哉

単元目標

- 外国の方々に向けて学校を案内する参考にするために、ALT（Assistant Language Teacher）や JTE（Japanese Teacher of English）の道案内の仕方についての話を聞くことができる。
- 学校に来られる外国の方々に伝わるように工夫しながら、プログラミングマップを用いて案内することができる。

評価規準

知識・技能	思考・判断・表現	主体的に学習に取り組む態度
・学校にある教室の通称や、"go straight"、"turn right / left" 等の表現を用いて、話すことに慣れ親しんでいる。	・学校に来られる外国の方々に伝わるように工夫しながら、プログラミングマップを用いて案内している。	・学校に来られる外国の方々に伝わるように、プログラミングマップ等を工夫しながら案内しようとしている。

単元について

　本単元では、「学校に来られる外国の方々のために、プログラミングマップを用いて、相手に伝わるように工夫しながら学校を案内する」という言語活動の場を設ける。本校は毎年、留学生との交流を行っており、英語を使って校内案内を行っている。プログラミングマップを用いることで、より楽しみながら、校内案内に取り組むことができると考えた。この言語活動を通して、「話すこと［発表］ウ　日常生活に関する身近で簡単な事柄について、人前で実物などを見せながら、自分の考えや気持ちなどを、簡単な語句や基本的な表現を用いて話すようにする。」ことを目指す。

　本単元では、使用する「実物」として、プログラミングを活用したマップを扱い、外国の方々に対して、簡単な語句や基本的な表現を用いて校内案内を行う。目的地に相手を連れていくためには、スタート地点からゴール地点までの道のりを想定し、順序立てて指示を出さなければならない。その活動がプログラミング的思考につながると考え、授業を構成した。

指導のポイント

▶ Scratch による学校マップ制作の活動

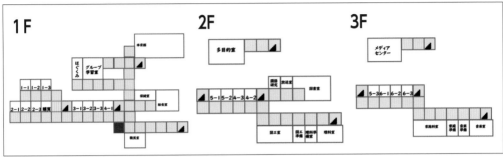

準備した学校マップ

　Scratch による学校マップ制作に取り組むことで、相手に伝えたい気持ちをもたせ続けたまま、自由に試行錯誤する時間を確保できると考えた。

▶児童が話す英語表現の録音

録音前

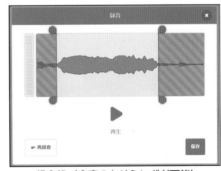

録音後（音声のトリミングが可能）

Scratch の録音画面

　プログラミングマップに児童の音声によるアナウンスを活用すれば、さらに「外国の方々に伝わるように英語を話したい」という意識を高めながら、活動に意欲的に取り組むことができると考えた。

▶「読むこと」の素地を育む

　英単語とその意味を関連付けながら、プログラミングに取り組む。そのため、児童は自然に英単語とその意味について考えると推察される。第４学年では、学習指導要領で「話すこと」「聞くこと」の２技能の育成が目指されているが、第５・

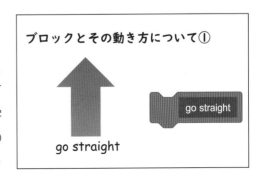

６学年からは「外国語科」になり、「読む」技能も指導しなければならないことを踏まえ、円滑に外国語科の「読むこと」に接続できると考えた。スライドや児童に配布するワークシートにプログラムの定義とイラストを結びつけて示すことで、意味と文字を結びつけることができるようにした。

指導計画（総時数６時間）

時数	主な学習活動
１時間	・学習計画を立てる。 ・案内したい場所の英語表現を確認する。 ・外国の方々に学校を案内するために必要なマップをデザインする。
１時間	・学校を案内するための英語表現を確認する。
１時間	・校内探検をし、案内したい場所を確認する（写真を撮影する）。 ・案内したい場所の英語表現を確認する。
２時間 （本時）	・Scratch の扱い方について確認をする。 ・Scratch で学校マップのプログラミングをする。
１時間	・外国の方々に発表し、制作した学校マップを振り返る。

授業の流れ

	本時の展開	指導上の留意点
導入	①本時の課題「Scratch で外国の方向けの学校マップを作ること」をつかむ。 	○サンプルを提示することで、制作するものの具体的なイメージをもつことができるようにする。 ○ゴールした際に背景が目的地の写真に切り替わる。 ○矢印が進む方向に応じて英語の音声が流れる。
展開	②Scratch によるプログミングを行い、学校マップを制作する。 　1）音声のプログラムを制作する。 　2）道中のプログラムを制作する。 　3）開始のプログラムを制作する。 　4）背景が目的地に到着すると変わるプログラムを制作する。 　5）進むと言葉が出るプログラムを制作する。 	○プログラムが正常に動作しているかを確認するための視点を示すことで、試行錯誤しながらプログラミングできるようにする。 ○教員が作成したプログラムを確認できる場を設け、自分のプログラムと比較したり確認したりすることができるようにする。

展開	③全体で発表する	○数名の児童のマップを全体に示すことで、それぞれのマップのよさとして、「見てもらう相手により伝わるものとは何か」について話し合うことができるようにする。
まとめ	④学習の振り返りを行う。 ・今日の授業で学んだことは… ・プログラミングをしてみて…　等	○ワークシートに書き出しを示しておくことで、自身の学習を振り返ることができるようにする。

今後の実践に向けて

　児童は、「学校に来る外国の方々のためにわかりやすいマップを作りたい」という活動目標をもって学習に取り組んでいた。児童は自然と英単語を読み、英単語と意味を結びつけていたように感じる。プログラミングを行う効果として挙げていた、円滑に外国語科との連携を進めるための「読むこと」の素地を育むことにつなげられたと考えられる。また、児童は道案内の表現を「読む」だけでなく、友達とマップを作成する過程で道案内に必要な表現を聞いたり、話したりする姿も見られた。プログラミングマップの制作活動に取り組むことは、自然と英語を用いたコミュニケーションにつながったと考えられる。

　また、児童は何度も試行錯誤しながらマップを作成していた。児童から「音声があればもっとわかりやすい」「文字が出てくれば、小学校に来てくれる人も喜ぶし、わかりやすいのではないか」「目的地の写真がわかればいいなあ」という声も授業中に聞かれ、すぐに自身のマップに活かそうとしていた。また、児童の振り返りには「プログラミングをしてみて、組み立て方や物事の順番などを学べました」などの記述があり、小学校に来てくださる人のためにという相手意識をもって、プログラミングを活用する姿が見える。効果的にプログラミングを単元と結びつけたことにより、ねらいを達成できたと考える。

ストップモーションアニメを作ろう

鳴門教育大学附属小学校　岡田 三千代

活動目標

- クラブ活動を通して、望ましい人間関係を形成し、個性の伸長を図り、集団の一員として協力してよりよいクラブづくりに参画しようとする自主的、実践的な態度を育てる。
- Scratch を使って作るストップモーションのアニメーションの仕組みを理解し、表したいことや思いついた形や動き、ストーリーなどを考えて、工夫してストップモーションアニメを作る。

評価規準

よりよい生活を築くための知識・技能	集団や社会の形成者としての思考・判断・表現	主体的に生活や人間関係をよりよくしようとする態度
・共通の興味・関心を追求するために、積極的にクラブの活動に取り組もうとしている。	・共通の興味・関心を追求するために話し合い、クラブの一員として、よりよいクラブづくりについて考え、判断し、自己を生かして実践している。	・共通の興味・関心を追求するクラブ活動の意義やそのための活動内容、方法などについて理解している。

活動について

　児童の興味・関心を表現するために、タブレット端末で撮影した写真を、Scratch を利用してつなぎ合わせ、一つのオリジナル動画「ストップモーションアニメ」を制作することとした。オリジナル動画の制作について活動の見通しをもたせるために、例としてストップモーションアニメの動画をいくつか見せた。制作するオリジナル動画は映画やドラマのような大がかりな作品ではなく、例えば、ビー玉がおはじきに変わったり、図形の色が1色からグラデーションに変わったりするなど、初めて動画を作成する児童が「できそう」「制作してみたい」と思えるように、身近な物を活用した作品とした。

指導のポイント

▶ アイデアシート（設計図）

　動画を作るのに、動画の流れを可視化できるようアイデアシートを準備し、児童が書くことができるようにした。書くことにより、どのような写真を撮ればよいのか、見通しをもって活動することができるようにした。

▶ タブレット端末を使った撮影の工夫

　タブレット端末で撮影した画像ファイルは、校内の共有ファイルサーバに保存し、どのタブレット端末からでも動画制作に取り組めるようにした。

　また、写真撮影時に、小型のイーゼルを使ってもよいこととした。イーゼルを使うことで、写真の撮影位置や距離感がずれず、動画にしたときにスムーズにつながることをねらいとした。イーゼルを使うとカメラが固定されるので、一人での撮影時間の短縮につながった。一方で、カメラを被写体に少しずつ近づけるなどの工夫をしたい場合は、２〜３人のグループで協力し合うように言葉かけをした。

▶ Scratch によるストップモーションアニメ

　クラブ活動の時間は限りがあるため、必要最小限の操作で作業できることを考え、Scratch を選択した。Scratch の「制御」にある「ずっと」「〇秒待つ」、「見た目」にある「次のコスチュームにする」の３つのブロックだけで、ストップモーションアニメを制作できる。画像のデータはコスチュームとして、Scratch に取り込むように指導した。

指導計画（総時数5時間）

時数	主な学習活動
1時間	・オリエンテーション
1時間	・タブレット端末の使い方　・カメラの使い方　・Scratchの使い方
2時間 （本時）	・ストップモーションアニメの作成
1時間	・ストップモーションアニメの完成 ・制作したストップモーションアニメの発表

※ただし、本校のクラブ活動の1単位時間は70分

授業の流れ

	本時の展開	指導上の留意点
導入	①前時の学習を振り返り、Scratchを使ったストップモーションアニメの制作に取り組むことを知る。	○Scratchの操作手順を板書で示すことにより、動画制作の見通しがもてるようにする。
展開	②自分で準備した物を使って、ストーリーを考える。 　1）アイデアシートをもとに撮影する。 	○アイデアシートを準備し、どんな流れの動画を作りたいのか計画を立てることができるようにする。
	2）準備した身近にある物を配置したり、動かしたりしながら、動画制作に必要な写真を撮影する。 	○撮影した写真を保存する学内ファイルサーバの共有フォルダを伝え、どのタブレット端末からでも作業できるようにする。
	3）Scratchで写真を取り込み、ストップモーションアニメを制作する。 	○撮影した写真を一括してScratchに取り込む方法を伝え、作業時間を短縮できるようにする。 ○活動の見通しが立っていない児童には、計画書を振り返るように促すことにより、自分が誰に対してどのような課題を解決するための道具にしたいのか再確認できるようにする。

| 展開 | ③作った動画を見せ合い、お互いに感想を伝える。 | ○友達が作った動画の工夫を見聞きできる場を設定することにより、児童が必要な情報に気付き、自分のプログラムに反映できるようにする。 |
| まとめ | ④活動の振り返りを行う。 | ○振り返りを活動ノートに書く時間を設けることにより、次時への意欲を高められるようにする。 |

今後に向けて

　Scratch を使ったプログラミングでは、ストップモーションアニメのような動画制作を手早く簡単に行うことができた。Scratch によるストップモーションアニメ制作では、プログラミングの楽しさだけではなく、撮影する物の向きなどに気を付けて表情や雰囲気を考えたり、カメラのフラッシュを動画の効果として使用したりする等、表現の工夫が見られた。「ストップモーションアニメを作ろう」の活動に取り組んだ後の児童の振り返りには、次のように書かれていた。

　「始めは撮影したり、Scratch をプログラミングするのに時間がかかっていたけれど、やっているとどんどん早くなってうれしかったです。今日は1時間で出来たので、とても早くなりました。このクラブ活動に入って、パソコンについてもわかるようになって、Scratch のすごさに気付けて、操作方法もわかって色々な物を動かせてとても楽しかったです。家でも動画を作ってみたいと思いました。」

　また、他の児童の振り返りにも、同様にタブレット端末や Scratch によるプログラミングができるようになった喜び、友達の作品のよいと思ったところ等の記述が見られた。クラブ活動で初めてタブレット端末や Scratch を扱った際は、使い方に慣れるまでは大変だという感想が多かった。しかし、動画を制作する活動を進めるにつれて、使い方に慣れて自分で動画を作る楽しさを味わう児童が増えていった。

　今後、高学年の児童は、図画工作科の授業でも、アニメーション作りを楽しむことができると考えられる。図画工作科で取り組む場合は、グループでアイデアを出し合い、協力して作成した方が、制作にかかる時間の短縮につながり、児童が表現のアイデアを考える時間を確保できる。教員の想像を超えた表現の工夫に期待したい。

双方向性のある地図コンテンツのプログラミングでさまざまな問題を解決しよう

鳴門教育大学附属中学校　山田 哲也

題材目標

- ●双方向性のあるコンテンツの基本的な仕組みを理解することができる。
- ●生活や社会の中から情報に関わる問題を見いだして課題を設定することができる。
- ●安全・適切なプログラムの制作（編集・保存）、動作の確認、デバッグ等ができる。

評価規準

知識・技能	思考・判断・表現	主体的に学習に取り組む態度
・情報通信ネットワークの構成と、情報を利用するための基本的な仕組みについて理解している。 ・安全・適切なプログラムの制作、動作の確認及びデバッグ等ができる技能を身に付けている。	・情報の技術の見方・考え方を働かせて、問題を見いだして課題を設定し解決できる力を身に付けている。	・自分なりの新しい考え方や捉え方によって、解決策を構想しようとしている。 ・自らの問題解決とその過程を振り返り、よりよいものになるよう改善・修正しようとしている。

題材について

　本題材では、生徒の生活において身近で関心の高い地図コンテンツの技術を活用し、様々な問題を解決する活動を行う。問題発見の範囲を「地域・社会」と設定し、例えば都道府県の魅力度ランキングを確認する活動から「地域の魅力を伝えたい」などの問題を見いだす。そして、地図コンテンツを利用して地域の魅力を紹介する等の双方向性のあるコンテンツのプログラミングに取り組む課題を設定する。設定した課題を解決するためにコンテンツの構成を考え、プログラミング活動を通して問題を解決していく。

準備したプログラムについて

　JavaScript で、次に示すプログラム（samplemap）をあらかじめ教員が制作しておき、コードの赤字部分を修正しながらプログラムの構成を学ぶようにした。samplemap は次の４つの機能をもつマーカーを表示するプログラムになっている。

▶①文字を表示するマーカー

地図上のマーカーをクリックすると文字を表示する。

```
var marker1=L.marker ( [34.066845,134.146832] ,{icon:L.spriteIcon ('green') }) ;
marker1.bindPopup ("①道の駅") ;
marker1.addTo (map) ;
```

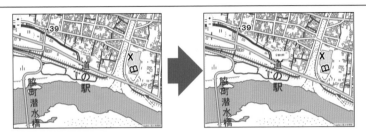

▶②リンクを表示するマーカー

地図上のマーカーをクリックすると指定したリンクを表示する。

```
var marker2=L.marker ( [34.066756,134.149396] ,{icon:L.spriteIcon ('red') }) ;
marker2.bindPopup ("<a href='https://mimacity.jp/'target='_blank'>②ミライズ</ a>""
) ;
marker2.addTo (map) ;
```

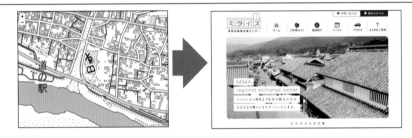

▶③文字と写真を表示するマーカー

地図上のマーカーをクリックすると写真を表示する。

```
var marker3=L.marker ( [34.068161,134.146714] ,{icon:L.spriteIcon ('blue') }) ;
marker3.bindPopup ("③うだつの町並み<br><img src='udatsu.png'>") ;
marker3.addTo (map) ;
```

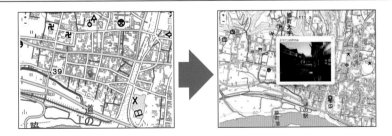

▶④文字と拡大もしくは縮小した写真を表示するマーカー

地図上のマーカーをクリックすると、拡大もしくは縮小した写真を表示する。

```
var marker4=L.marker ( [34.068161,134.145577] ,{icon:L.spriteIcon ('violet') }) ;
marker4.bindPopup ("④うだつの町並み<br><img src='udatsu.png' height='50%'
width='50%'>");
marker4.addTo (map) ;
```

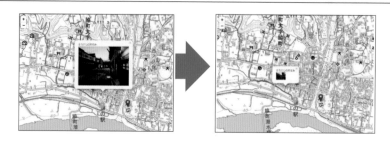

指導計画（総時数 12 時間）

時数	主な学習活動
2 時間	・地図コンテンツの技術について開発者が設計に込めた意図を読み取り、双方向性のあるコンテンツに関する技術に込められた問題解決の工夫について考える。
2 時間	・情報の技術の見方・考え方を働かせて、問題を見いだし課題を設定し、解決策を構想する。 ・解決策を具体化する設計図をかく。
6 時間 4/6 （本時）	・安全・適切にプログラムを制作し、動作の確認やデバッグ等をする。
2 時間	・課題の解決結果や解決の過程を評価し、改善及び修正する。

授業の流れ

	本時の展開	指導上の留意点
導入	①本時の課題を知る。	○地図上のマーカーをクリックすると施設の画像が表示されるプログラムを提示し、課題解決に適した表示方法を考えさせる。
展開	②課題を解決するために、より適切な表示方法を考えてプログラムを制作する。	○課題解決に合わせて、どのような表示方法が適切か考えてプログラムを制作させる。
	③２人組になり、制作したプログラムを紹介し合い、プログラムの意図を説明する。	○プログラムを紹介する際、制作の意図や工夫を説明させるとともに、聞き手には疑問に思ったことを質問させる。

展開	④相手のプログラムのよさとともに、改善すべき点を伝える。 	○聞き手には、プログラムのよかった点を伝えさせるとともに、よりよくするためのアドバイスをさせる。
	⑤プログラムを修正する。	○もらったアドバイスや参考となるプログラムをもとに制作したプログラムを修正させる。
まとめ	⑥本時の振り返りを行う。	○本時のまとめを行うとともに、次時の予定を確認し課題解決に向けた見通しをもたせる。

今後に向けて

　筆者はこれまで、フローチャートをかくようにブロックを並べることでプログラミングしていく授業を多く実践してきた。そのため、本実践は教員にとっても生徒にとっても非常にレベルの高いものになるのではないかと不安を感じていた。しかし、プログラムの修正は、必要な部分をコピーするなどの簡単な作業でできるので、授業において大きな混乱は生じなかった。生徒の感想を読むと、生徒自身も最初は難しいのではないかと不安を抱いていたようだった。しかし、授業が進むにつれて、思い通りにできた喜びや、さらにどんなことができるのかといった楽しみが、不安よりも大きくなったことがうかがえた。

　実際の授業では、グループで「四国八十八箇所」を紹介するコンテンツを制作するなど、対話的な学習活動を行いながら課題解決に向けてよりよい双方向性のあるコンテンツのプログラミング学習を進めることができた。見方・考え方を働かせて問題を見いだし、課題を設定する授業場面では、学年に合わせて生徒に働かせてほしい見方・考え方を設定するとともに、解決する問題の範囲を「地域」や「社会」など広げたり狭めたりすることで、さまざまな問題解決を行わせることができると考えている。

参考文献

[1] 山田哲也・香西孝行・雲本直人・岩山敦志・伊藤陽介・阪東哲也・曽根直人・藤原伸彦・長野仁志（2019）双方向のデジタルコンテンツをJavascriptでプログラミングする授業実践〜国土地理院サーバの利用〜，鳴門教育大学情報教育ジャーナル，16,1-6

[2] 山田哲也（2020）D（2）地図コンテンツのプログラミングで防災に関する問題を解決しよう，中学校技術・家庭科（技術分野）におけるプログラミング教育実践事例集，https://www.mext.go.jp/content/20200403-mxt_jogai01-000006333_002.pdf,66-73（最終閲覧日：2020年9月24日）

自動警備ロボットシステムを開発しよう

鳴門教育大学附属中学校　山田 哲也

題材目標

- 計測・制御システムの基本的な仕組みを理解することができる。
- 生活や社会の中から情報に関わる問題を見いだして課題を設定することができる。
- 安全・適切にプログラムの編集・保存、動作の確認、デバッグ等ができる。

評価規準

知識・技能	思考・判断・表現	主体的に学習に取り組む態度
・計測・制御システムの構成と、情報を利用するための基本的な仕組みについて理解している。 ・安全・適切なプログラムの制作、動作の確認及びデバッグ等ができる技能を身に付けている。	・情報の技術の見方・考え方を働かせて、問題を見いだして課題を設定し解決できる力を身に付けている。	・自分なりの新しい考え方や捉え方によって、解決策を構想しようとしている。 ・自らの問題解決とその過程を振り返り、よりよいものになるよう改善・修正しようとしている。

題材について

　本題材では、生徒の生活において関心の高いロボットの技術を活用し、さまざまな問題を解決する活動を行う。問題発見の範囲を「地域・社会」として設定し、例えば、空き巣や不審者の侵入による犯罪被害がなくなるように「安全・安心な地域や社会をつくろう」などの問題を見いだし、さまざまな計測機能と制御機能による移動が可能なロボットを利用して自動的に警備するなどの課題を設定する。設定した課題を解決するために計測・制御システムを構想し、プログラムを制作し問題を解決していく。

指導のポイント

▶計測・制御システムの構想について

　さまざまな問題解決に対応できるように、接触、光、超音波などを計測可能なセンサと、モータやLEDなどを制御でき、これらをある程度自由に機構的に組み合わせ、プログラムによって計測・制御システムを動作させる。さらに、持続可能な社会を踏まえ、構想した計測・制御システムを制作した後、全ての部品など

を再利用できるものとする。

　今回の実践では、前述した要件を満たす教材として、規格化されたブロック状の部品を組み合わせてロボットなどのさまざまな形態の計測・制御システムを構成できるレゴ エデュケーションの教育版レゴ　マインドストーム EV3（以下、EV3 と表記）を選定した。EV3 には、コンピュータを内蔵したブロック（以下、EV3 ブロックと表記）に加え、接触や光、超音波を計測できるセンサ、サーボモータ、ギアやフレーム、軸などが含まれている。

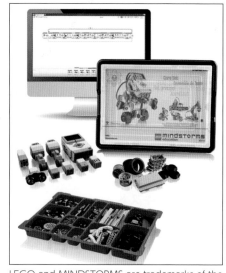

LEGO and MINDSTORMS are trademarks of the LEGO Group. (c)2021 The LEGO Group.

▶プログラミング教材：EV3

　本学習では、まず、右の画像に示すような基本ロボットを教材として使い、計測・制御システムの仕組みを理解する。PC 上でプログラミングを行い、作成したプログラムを EV ブロックに送ることで、基本ロボットを制御する。基本ロボットを用いた学習を終えた後、課題解決に必要な計測・制御システムを構想し、必要なサーボモータやセンサなどを組み込んだロボットを作る。なお、プログラムを作成する PC と EV ブロックの接続は、USB ケーブルによる有線接続、Bluetooth による無線接続、Wi-Fi による無線接続（EV3 ブロックに Wi-Fi 用 USB ドングルが必要）の 3 種類がある。本実践では学習活動の自由度が高まることをねらい、Bluetooth による無線接続を選択した。

EV 3 の基本ロボット（要組み立て）

▶プログラミング言語：Python

　本実践は中学校第 3 学年を想定し、高等学校の教科「情報」におけるプログラミング教育への接続を考慮するとともに、キーボード操作の習熟度を高めるという点を踏まえて Python をプログラミング言語として利用する。Python は単純な表記

でプログラミングでき、すぐに実行結果を確認できるインタープリタ型のため学習が容易であることが特長で、国際的にも広く利用されている。さらに、数値計算やグラフィック、人工知能などさまざまな処理を行える有用性の高いライブラリも豊富に揃っている。なお、EV3 で構成された計測・制御システムのプログラムをPython で制作する場合、EV3 ブロックに ev3dev（https://www.ev3dev.org/からダウンロード可能）と呼ばれる Linux という OS を書き込んでおいたメモリーカード（microSDHC 形式）を利用する。

▶学習用テキスト

学習用テキストは中学生向けの「プログラミング言語 Python による計測・制御入門」を使う。本テキストは鳴門教育大学伊藤研究室（http://www.naruto-u.ac.jp/facultystaff/ito/）からダウンロードできる。

指導計画（総時数 15 時間）

時数	主な学習活動
7 時間	・身近な家庭生活や社会生活等で利用されている計測・制御の技術を知る（1 時間）。 ・既存の計測・制御システムの仕組みとプログラムの役割や機能を知る（1 時間）。 ・簡単なプログラムを制作する（順次・分岐・反復、センサの理解）（5 時間）。 　①ロボットが英語で発話するプログラムの制作 　②タッチセンサのスイッチを押すことでディスプレイに絵を描くプログラムの制作 　③モータを制御しロボットを正確に移動させるプログラムの制作 　④同じ動きの繰り返しを行うプログラムの制作 　⑤超音波センサを活用したプログラムの制作
1 時間	・空き巣や不審者の侵入による犯罪被害をなくすことを目標に、自動警備ロボットシステムの開発を行う。
1 時間	・状況に応じて、音声警告やライトでの威嚇などにより犯罪を抑制するようなプログラムを構想し、アクティビティ図やシステムの概略を構想図に表す。
4 時間 1・2/4 （本時）	・ライントレースプログラムを改良し、設定した課題を解決するプログラムを制作する。 ・動作の確認及びデバッグ等を行うなど、必要に応じてプログラムを改善・修正する。
1 時間	・制作したプログラムを評価し、必要に応じてプログラムを改善・修正する。
1 時間	・実際に活躍している防犯ロボットなどと自分の制作した計測・制御システムを比較し、解決結果や過程の改善及び修正を考えてレポートにまとめる。

授業の流れ

	本時の展開	指導上の留意点
導入	①本時の課題を知る。 	○ライントレースするプログラムを提示し、課題解決に利用する方法を考えさせる。
展開	②課題を解決するために、より適切な動作を行う計測・制御システムを構想しプログラムを制作する。	○課題解決に合わせて、どのような動作が適切か考えてプログラムを制作させる。
	③2人組となり、制作したプログラムによる計測・制御システムの動作を確認し、説明する。	○プログラムを動作させる際、制作の意図や工夫を説明させるとともに、聞き手には疑問に思ったことを質問させる。
	④相手のプログラムのよさとともに、改善すべき点を伝える。 	○聞き手にはプログラムのよかった点を伝えさせるとともに、よりよくするためのアドバイスをさせる。
	⑤プログラムを修正する。	○もらったアドバイスや参考となるプログラムをもとに制作したプログラムを修正させる。
まとめ	⑥本時の振り返りを行う。	○本時のまとめを行うとともに、次時の予定を確認し課題解決に向けた見通しをもたせる。

今後に向けて

　問題を発見し、設定した課題を解決するための計測・制御システムを自由に構想できるように配慮したブロック教材を導入することを提案した。これまで、課題解決を目的として計測・制御システムを適切に動作させるためにプログラムを制作す

る授業では、ビジュアル型プログラミング言語を利用することが多かったが、今回の実践では、高等学校の教科「情報」でのプログラミング教育へのつながりを重視し、テキスト型プログラミング言語であるPythonを選定した。文字を組み合わせてプログラミングすることによってキーボード操作が増え、生徒にとって負担が増えることが危惧されるが、中学生向けに作られたPythonの学習用テキストとサンプルプログラムをうまく利用すれば、興味・関心の高い状態を維持できる。実際の授業では、統合型開発環境による自動補完機能などを利用することで入力ミスは少なくなり、また、授業が進むとともに生徒自身のキーボード操作の技能も高まることが期待され、テキスト型プログラミング言語を利用した計測・制御システムの制作について、問題はほとんど発生しないと考えられる。

　問題を見いだし、課題を設定し、計測・制御システムを構想して解決を図る授業場面では、指導する学年に合わせて生徒に働かせてほしい見方・考え方を設定するとともに、解決する問題を地域や家庭、社会などさまざまな対象を選ぶことが重要である。

索　引

編著者一覧

〈編著〉
鳴門教育大学プログラミング教育研究会

伊藤　陽介　鳴門教育大学 学長補佐（ICT 担当）・教授
曽根　直人　鳴門教育大学 情報基盤センター所長・准教授
長野　仁志　鳴門教育大学附属小学校教諭
阪東　哲也　鳴門教育大学 情報基盤センター・研究員
藤原　伸彦　鳴門教育大学 情報基盤センター副所長・准教授
山田　哲也　鳴門教育大学附属中学校教諭

五十音順

執筆者一覧

第 I 部　理論編

第 1 章　阪東　哲也　鳴門教育大学 情報基盤センター・研究員
第 2 章　伊藤　陽介　鳴門教育大学 学長補佐（ICT 担当）・教授
第 3 章　曽根　直人　鳴門教育大学 情報基盤センター所長・准教授
第 4 章　藤原　伸彦　鳴門教育大学 情報基盤センター副所長・准教授
第 5 章　阪東　哲也　鳴門教育大学 情報基盤センター・研究員

第 II 部　実践編

国語科
　長野　仁志　　鳴門教育大学附属小学校教諭
算数科
　富永　俊介　　鳴門教育大学附属小学校教諭
理科
　岩崎　サオ里　鳴門教育大学附属小学校教諭
社会科
　長野　仁志　　鳴門教育大学附属小学校教諭
体育科
　長野　仁志　　鳴門教育大学附属小学校教諭
音楽科
　横瀬　美穂　　鳴門教育大学附属小学校教諭
図画工作科
　川真田　心　　鳴門教育大学附属小学校教諭
家庭科
　岩崎　サオ里　鳴門教育大学附属小学校教諭
情報モラル教育
　斉藤　想能美　鳴門教育大学附属小学校教諭
生活科
　長野　仁志　　鳴門教育大学附属小学校教諭
総合的な学習の時間
　富永　俊介　　鳴門教育大学附属小学校教諭
外国語活動
　岡　朋哉　　　鳴門教育大学附属小学校教諭
クラブ活動
　岡田　三千代　鳴門教育大学附属小学校教諭
技術・家庭科（技術分野）
　山田　哲也　　鳴門教育大学附属中学校教諭

掲載順

今こそ知りたい！ 学び続ける先生のための

基礎と実践から学べる
小・中学校プログラミング教育

2021 年 2 月 26 日　初版第 1 刷発行

編著　鳴門教育大学プログラミング教育研究会

発 行 人　加藤 勝博
発 行 所　株式会社ジアース教育新社
　　　　　〒 101-0054　東京都千代田区神田錦町 1-23　宗保第 2 ビル
　　　　　TEL：03-5282-7183　FAX：03-5282-7892
　　　　　E-mail：info@kyoikushinsha.co.jp
　　　　　URL：https://www.kyoikushinsha.co.jp/

表紙デザイン・DTP　株式会社彩流工房
印刷・製本　シナノ印刷株式会社

Printed in Japan
ISBN978-4-86371-571-4